LES ACTUALITÉS MÉDICALES

Les Albuminuries
Curables

LES ACTUALITÉS MÉDICALES

Collection de volumes in-16, de 96 pages, cartonnés

Chaque volume : 1 fr. **50**

La Déchloruration, par Widal et Javal.
Mouches et Choléra, par le Pr Chantemesse et le Dr Borel.
Moustiques et Fièvre jaune, par le Pr Chantemesse et le Dr Borel.
Le Diabète, par le Pr Lépine. 2 vol.
Le Cytodiagnostic, par le Dr Marcel Labbé, médecin des hôpitaux de Paris.
Le Sang, par le Dr Marcel Labbé, médecin des hôpitaux de Paris.
L'Appendicite, par le Dr Aug. Broca, agrégé à la Faculté de Paris.
Diagnostic de l'Appendicite, par le Dr Auvray, agrégé à la Fac. de Paris.
Les Rayons de Röntgen et le Diagnostic de la Tuberculose, par le Dr A. Béclère, médecin de l'hôpital Saint-Antoine.
Les Rayons de Röntgen et le Diagnostic des Affections thoraciques non tuberculeuses, par le Dr A. Béclère.
Les Rayons de Röntgen et le Diagnostic des Maladies internes, par le Dr A. Béclère.
La Radiographie et la Radioscopie cliniques, par le Dr L.-R. Regnier.
La Mécanothérapie, par le Dr L.-R. Regnier.
Radiothérapie et Photothérapie, par le Dr L.-R. Regnier.
Cancer et Tuberculose, par le Dr Claude, médecin des hôpitaux.
La Diphtérie, par les Drs H. Barbier, médecin des hôpitaux, et G. Ulmann.
La Grippe, par le Dr L. Galliard, médecin de l'hôpital Saint-Antoine.
Chirurgie des Voies biliaires, par le Dr Pauchet.
Les Myélites syphilitiques, par le Dr Gilles de la Tourette.
Le Traitement de l'Épilepsie, par le Dr Gilles de la Tourette.
Les États neurasthéniques, par le Dr Gilles de la Tourette, 2e *édition*.
La Psychologie du Rêve, par Vaschide et Piéron.
Les Glycosuries non diabétiques, par le Dr Roque.
Les Régénérations d'organes, par le Dr P. Carnot, agrégé à la Faculté.
Le Tétanos, par les Drs J. Courmont et M. Doyon.
La Gastrostomie, par le Dr Braquehaye, agrégé à la Faculté de Bordeaux.
Thérapeutique oculaire, par le Dr F. Terrien.
Le Traitement de la syphilis, par le Dr Emery, 2e *édit*.
La Fatigue oculaire, par le Dr Don.
Les Auto-intoxications de la grossesse, par le Dr Bouffe de Saint-Blaise, accoucheur des hôpitaux de Paris.
Le Rhume des Foins, par le Dr Garel, médecin des hôpitaux de Lyon.
Le Rhumatisme articulaire aigu en bactériologie, par les Drs Triboulet, médecin des hôpitaux, et Coyon.
Le Pneumocoque, par Lippmann. Préface de M. Duflocq.
Les Enfants retardataires, par le Dr Apert, médecin des hôpitaux.
La Goutte et son traitement, par le Dr Apert, médecin des hôpitaux.
Les Oxydations de l'Organisme, par les Drs Enriquez et Sicard.
Les Maladies du Cuir chevelu, par le Dr Gastou.
Les Dilatations de l'Estomac, par le Dr Soupault, médecin des hôpitaux.
La Démence précoce, par les Drs Deny et Roy.
Chirurgie intestinale d'urgence, par le Dr Mouchet.
Chirurgie nerveuse d'urgence, par le Dr Chipault.
Les Accidents du Travail, par le Dr Georges Brouardel, 2e *édit*.
Le Cloisonnement vésical et la Division des urines, par le Dr Cathelin.
Le Traitement de la Constipation, par le Dr Froussard.
Le Canal vagino-péritonéal, par le Dr P. Villemin, chirurgien des hôpitaux.
La Médication phosphorée, par H. Labbé.
La Médication surrénale, par les Drs Oppenheim et Loeper.
Les Médications préventives, par le Dr Nattan-Larrier.
La Protection de la Santé publique, par le Dr Mosny.
L'Odorat et ses Troubles, par le Dr Collet, agrégé à la Faculté de Lyon.
Traitement chirurgical des Néphrites médicales, par le Dr Pousson.
Les Rayons N et les Rayons N_1, par le Dr Bordier.
Trachéobronchoscopie et Œsophagoscopie, par le Dr Guisez.
Le Traitement de la Surdité, par le Dr Chavanne.
Technique de l'exploration du Tube digestif, par le Dr René Gaultier.
Les Traitements des Entérites, par le Dr Jouaust.

Corbeil. Imprimerie Éd. Crété.

Les Albuminuries
Curables

PAR

J. TEISSIER

PROFESSEUR A LA FACULTÉ DE MÉDECINE DE LYON
MÉDECIN DE L'HOTEL-DIEU DE LYON
CORRESPONDANT NATIONAL DE L'ACADÉMIE DE MÉDECINE

PARIS

LIBRAIRIE J.-B. BAILLIÈRE ET FILS
19, RUE HAUTEFEUILLE, 19

Tous droits réservés.

LES
ALBUMINURIES CURABLES

INTRODUCTION

Ce n'est point une œuvre d'érudition, encore moins une étude complète sur l'albuminurie, que nous avons la prétention de présenter aujourd'hui au public médical. Nos vues sont plus modestes.

Aussi bien n'avons-nous eu d'autre but, en écrivant ce petit livre, que de vulgariser des documents cliniques importants, patiemment et minutieusement recueillis dans le cours d'une carrière déjà longue, et consacrée avec prédilection, dès l'origine, aux recherches urolo giques.

C'est à la lumière de ces documents que nous essaierons de juger cette question si délicate de *la curabilité des albuminuries* ; et nous pensons pouvoir le faire aujourd'hui sans témérité, en toute indépendance d'esprit, et certainement avec fruit pour le médecin praticien trop souvent dérouté et déconcerté par la multiplicité des publications parfois contradictoires, l'opposition apparente des opinions émises, la difficulté du pronostic à poser, l'incertitude d'indications thérapeutiques précises et surtout opportunes. Le praticien a besoin d'être fixé par des faits probants et soigneusement contrôlés ; il veut savoir d'abord, s'il existe des *albuminuries curables*, puis, ce fait une fois établi, à quoi on peut reconnaître la curabilité possible d'une albuminurie ; dans quelles conditions cette curabilité peut s'obtenir; dans quelles limites on est en droit de l'espérer? Cela, en se basant sur des notions rigoureusement assises et sur les enseignements de l'expérience.

C'est ce que nous croyons pouvoir lui offrir dans l'exposé de ces observations, résultat d'une pratique de plus de vingt années. Nous nous bornerons, pour le convaincre, à montrer les faits dans toute leur simplicité et à tirer les enseignements qu'ils comportent. Nous nous attacherons à rester aussi clair et aussi concis que possible, réservant les questions de détail ou les faits plus délicats pour une étude ultérieure. Nous nous appliquerons avant tout à être vrai, sincère, pratique.

I. — CONSIDÉRATIONS GÉNÉRALES

Ce qu'il faut entendre par albuminuries curables. — Classification clinique des albuminuries, par ordre de curabilité : albuminuries fonctionnelles, albuminuries rénales.

Toute albuminurie est curable, a dit Jaccoud, quel qu'en soit le principe originel. Cette formule nous semble devoir être maintenue au sens strict du mot ; car l'albuminurie brightique, elle aussi, est parfois curable, j'espère pouvoir le démontrer.

Mais reste à savoir ce qu'il faut entendre sous l'épithète de curable? et si le mot de curabilité doit être considéré comme synonyme de la disparition du symptôme? Assurément pas. Car il s'en faut que la disparition de l'albuminurie réponde toujours à la guérison de l'état morbide provocateur; ce serait une erreur clinique de faire de la cessation de l'albuminurie le criterium nécessaire et exclusif de la curabilité. J'ai vu souvent, et beaucoup d'autres on t

vu comme moi, des néphrites scléreuses évoluer
sans qu'on ait pu constater à aucun moment de leur
évolution la présence de l'albumine, même à l'état
de traces; j'ai vu apparaître d'autre part, chez certains néphritiques, les accidents les plus graves à
partir du jour où l'analyse ne décelait plus rien d'anormal dans l'urine. Dans d'autres cas. assez rares il est
vrai, la cessation du symptôme albuminurie a marqué le début d'une évolution morbide nouvelle qui
a pris rapidement des allures redoutables : c'est ainsi
que plusieurs fois déjà nous avons vu la phtisie
aiguë se substituer à cette variété d'albuminurie matutinale que nous avons décrite sous le nom d'albuminurie prétuberculeuse. Serait-ce vraiment rationnel
de taxer d'albuminuries curables des faits de ce
genre, alors que tout autre est assurément leur signification pronostique?

Par contre, il nous semble hors de doute que le
processus pathologique qui a donné naissance à l'albuminurie peut être éteint, le retour à la santé parfait,
le rétablissement de toutes les fonctions organiques
absolu, sans que l'albumine ait disparu des urines, et
alors même qu'elle y survit à des doses de plusieurs
grammes par litre. Je connais plusieurs exemples
de cette vérité pathologique ; deux surtout que je
puis citer hautement, parce qu'ils appartiennent à la
collection des observations de mon père le professeur Teissier et qu'ils ont été recueillis en dehors de
toute idée préconçue : dans le premier, l'albuminurie
a existé dans les proportions de 3 gr. par litre en
moyenne pendant près de 30 ans et sans que la malade, femme de grande intelligence et d'énergie, en
ait été autrement impressionnée ; dans le second
(un cas d'albuminurie persistante à la suite d'une
néphrite scarlatineuse), la survie dépasse déjà 25 ans,
et le malade, qui continue à vivre de la vie commune
sans paraître avoir grand'cure de son albuminurie,
semble jouir de tous les attributs de la santé.

Mais ces réserves faites, ces cas particuliers mis
à part, il n'en est pas moins vrai que la disparition

de l'albumine est le plus souvent un symptôme favorable; la suppression de l'effet trahit la suppression de la cause: dans l'immense majorité des cas, *l'albuminurie disparaît avec sa condition provocatrice.* Et alors, on est naturellement conduit à admettre que les chances de disparition de l'albuminurie varieront avec la nature même de cette cause provocatrice, avec sa durée, son intensité, son genre d'action sur le parenchyme rénal ; d'où la nécessité d'examiner les chances de curabilité du syndrome morbide par rapport à chacune des causes susceptibles de lui donner naissance. Or ceci va nous entraîner à passer d'abord en revue la série des principales conditions pathogéniques de l'albuminurie, si bien que, dès les premiers pas, nous allons avoir à nous heurter aux exigences d'une bonne classification.

Mais rien n'est plus difficile que d'attribuer une albuminurie à sa *cause immédiate et réelle ;* cette notion est pourtant rigoureusement nécessaire, si l'on veut faire une thérapeutique rationnelle et vraiment utile. C'est que les facteurs de l'albuminurie sont infiniment complexes : le système nerveux intervient d'abord pour régler les questions de pression et de vitesse dans le courant sanguin qui ont une influence si marquée sur la filtration de l'albumine ; puis, c'est l'épithélium rénal dont les fonctions ou la structure peuvent être si facilement troublées par les infections ou intoxications sans nombre auxquelles il est exposé; c'est enfin l'intervention du foie, qui peut être mise en cause, de même qu'un trouble violent de la fonction respiratoire (albuminurie consécutive à l'anesthésie) ou une suppression brusque de l'émonction cutanée, etc. Et l'on sera souvent d'autant plus embarrassé pour se rattacher à la cause même du mal, *que plusieurs de ces facteurs auront agi simultanément pour le produire.*

Prenons des exemples, et commençons par le cas le plus simple: voici un jeune adolescent de quinze ans, indemne jusque-là ; brusquement, un beau matin, et sans qu'on y ait jamais rien constaté, on trouve dans ses urines un disque très marqué d'albumine ; on cherche minutieusement la cause du phénomène, on fouille tout son passé pathologique, et l'on ne trouve aucune infection antérieure, aucun signe de lésion gastro-hépatique, aucune manifestation d'auto-intoxication rénale. On cherche dans son régime, et l'on apprend que la veille au soir il a mangé copieusement du poisson de mer (en général, c'est de la sole) ; et, comme, le même soir, l'analyse ne révèle aucune altération de l'urine, comme de nouveaux examens, faits à plusieurs reprises les jours suivants, restent négatifs, on conclut à ce diagnostic : « Albuminurie accidentelle chez un sujet bien portant, intoxication alimentaire fugace. » Le diagnostic est exact, sans doute, mais faut-il s'arrêter là ? Ce ne serait pas d'une grande prévoyance ; car regardons de plus près. On constate, en effet, que la mère de cet enfant a eu des coliques hépatiques, que son père est artério-scléreux et qu'un de ses frères est mort tuberculeux. Alors, on se prend à se poser des questions nouvelles: quel rôle joue l'hérédité, dans cette crise même si passagère ? L'artério-sclérose chez le père ne crée-t-elle pas la prédisposition à la détermination rénale chez l'enfant ? ou bien est-ce l'arthritisme de la mère qui la provoque et va la faire évoluer vers le type intermittent cyclique, que nous aurons à décrire ultérieurement ? sommes-nous, au contraire, en présence, à cause de cette apparition matutinale, rapprochée de la granulie d'un autre enfant, d'une albuminurie intermittente prémonitoire de l'infection tuberculeuse? Tout autant de questions d'une extrême délicatesse et souvent bien difficiles à résoudre, mais qui doivent être posées si l'on veut faire dans le traitement de cet enfant, œuvre de médecin digne de ce nom.

Voici un autre exemple et de nature plus délicate encore à préciser. C'est une jeune fille d'âge à peu près identique ; son père est prostatique et a de la néphrite ascendante, sa mère est diabétique, son oncle paternel également ; elle nous est conduite

parce qu'elle dépérit rapidement et offre des symptômes d'anémie profonde ; elle vomit presque quotidiennement et présente des signes marqués de dilatation de l'estomac. Ses urines examinées au milieu
du jour contiennent 0 gr. 50 d'albumine. Quel est le
point de départ du syndrome urinaire ; trahit-il la
prédisposition rénale que la santé du père pourrait
laisser supposer ? sommes-nous en présence d'une
auto-intoxication d'origine gastrique, comme l'état
des voies digestives permettrait de l'admettre, ou bien
encore avons-nous affaire au type cyclique intermittent que j'ai décrit depuis quinze ans avec Pavy et
qui est pour nous une modalité junévile de l'arthritisme ? Non ; aucune de ces hypothèses ne répon-
drait à la réalité : avant tout, il s'agit, dans l'espèce,
d'une albuminurie d'origine nerveuse chez une malade arthritique héréditaire, c'est vrai, mais surtout
névropathe, car elle a eu dans l'enfance une coxalgie
qui a guéri par des douches froides, et c'est encore
les douches et les bains sédatifs qui auront raison
des accidents actuels, y compris l'albuminurie.
Cette enfant est devenue femme, elle a aujourd'hui
trente ans, jouit d'une santé excellente, a des enfants qu'elle a allaités ; elle n'a jamais eu à se plaindre
depuis de son albuminurie ancienne.

Nous pourrions multiplier ces exemples et prouver que ce n'est pas seulement dans l'ordre de ces
albuminuries fonctionnelles que le problème se présente hérissé de difficultés nombreuses ; le même em-
barras s'offre souvent dans le cadre des albuminuries
brightiques, surtout quand il faut établir leur valeur
pronostique, et cela, qu'il s'agisse des néphrites infectieuses proprement dites ou du mal de Bright confirmé ; ou enfin des albuminuries qui survivent aux
infections une fois éteintes et passent à la chronicité.

Mais ceci dit, et sans nous préoccuper et nous
embarrasser outre mesure de ces difficultés que le
médecin, une fois prévenu, tranchera avec son
expérience, disons simplement qu'en saine clinique, *il faut toujours rattacher une albuminurie* à sa

cause prochaine la plus saillante ; et c'est dans cet esprit que nous avons groupé nos observations sous les différents titres ci-dessous.

Nous établissons d'abord deux grandes classes d'albuminuries :

I. *Les albuminuries fonctionnelles* ou *inorganiques*, c'est-à-dire sans lésion nettement déterminée de l'appareil rénal.

II. *Les albuminuries rénales*, c'est-à-dire qui supposent une altération plus ou moins avancée du parenchyme glandulaire.

Les *albuminuries fonctionnelles* comprendront quatre chapitres spéciaux :

1° Les albuminuries intermittentes, irrégulières, dites des sujets en apparence bien portants ;

2° Les albuminuries des adolescents, albuminuries généralement intermittentes et cycliques ;

3° Les albuminuries d'ordre digestif ou hépatique ;

4° Les albuminuries d'ordre névropathique, parmi lesquelles nous réserverons une place spéciale à l'albuminurie de la station debout ou orthostatique.

Les *albuminuries rénales*, que nous appellerons encore *brightiques*, en bien spécifiant toutefois que nous n'attribuons *aucun sens doctrinal* à ce mot, que nous ne l'employons qu'à titre d'*expression* TRADITIONNELLE, se divisent en deux sous-groupes :

1° Les néphrites aiguës (néphrites infectieuses), qui comporteront plus particulièrement l'étude des albuminuries *parcellaires ou résiduales* ;

2° Les albuminuries permanentes des néphrites chroniques.

II. — ALBUMINURIE DES SUJETS EN APPARENCE BIEN PORTANTS

1. — ALBUMINURIE PHYSIOLOGIQUE DE GIGON, DE SENATOR, DE SPIEGLER. — « Toute urine suffisamment concentrée, dit Senator, contient de l'albumine. » De là à faire, dans certaines circonstances, de l'albuminurie

un phénomène normal, physiologique, il n'y avait qu'un pas : dès l'instant qu'il s'agit simplement d'une question de sensibilité du réactif révélateur et qu'il se peut bien faire que parfois le symptôme albuminurie ne soit que l'exagération d'un phénomène naturel. Ce pas a d'ailleurs été rapidement franchi, et, ainsi est née la *doctrine de l'albuminurie physiologique*, ou de l'*albuminurie normale*, comme l'appelle Leube, doctrine qui a eu de nombreux adeptes parmi lesquels nous citerons surtout Celle de Châteaubourg, Noorden, Capitan, Ultzman, Saundby, etc. Disons cependant que cette conception qui nous paraît venir d'Allemagne avait été très nettement formulée dès 1857 par un médecin français, Gigon d'Angoulême, et que Gubler avait aussi admis sans difficultés l'hypothèse d'une albuminurie relevant d'un simple trouble passager de la fonction et indépendant de toute lésion organique.

Aujourd'hui cette conception est fort discutée, et l'on tend en général à repousser cette notion de l'albuminurie considérée comme la simple exagération d'un phénomène constant et normal. Or, il importe d'abord de bien préciser la valeur des termes que l'on emploie pour éviter toute confusion dans la signification même des phénomènes qu'ils désignent. Si le mot d'albuminurie physiologique doit s'appliquer seulement aux cas bien nets où l'albuminurie, indépendante de tout trouble réel de l'état général, apparaît seulement et d'une façon passagère à la suite d'un phénomène physiologique naturel, ou d'une perturbation fonctionnelle d'un organe autre que le rein, ainsi que cela s'observe du fait d'une fatigue violente, d'un gros écart de régime, d'une équilibration nouvelle dans la circulation abdominale (albuminurie des nouveau-nés), d'une modification considérable de l'hématose pulmonaire (albuminurie de l'anesthésie), etc. ; comme après tout il s'agit là d'une cause physiologique agissant normalement, dans un sens toujours identique et suivant un mécanisme connu, sur les conditions essentielles et normales de la filtration de l'albumine, je ne vois pas grand inconvénient à ce que le terme en lui-même soit conservé : il vise un fait bien nettement déterminé : *un trouble passager de la fonction rénale sous l'influence d'un acte physiologique régulier*.

Et puis ce mot d'*albuminurie physiologique* n'aurait-il que l'avantage de bien spécifier qu'il existe des albuminuries compatibles avec la conservation absolue de la santé, c'est-à-dire sans altération de la glande rénale, qu'à ce titre seul il mériterait de n'être pas rayé de nos descriptions nosologiques. L'important est de ne pas lui faire dire autre chose que ce qu'il signifie réellement et de ne pas désigner sous cette étiquette l'accentuation simple d'un phénomène constant, mais qui échapperait à nos moyens ordinaires d'investigation.

Quand nous parlons, nous médecins, d'*albuminurie*, nous entendons toujours désigner une *albuminurie cliniquement décelable*, c'est-à-dire décelable par les réactifs usuels. Or une semblable albuminurie n'est point constante ; quand elle existe, *c'est un phénomène anormal*. Bien souvent c'est un accident sans importance ne retentissant guère sur l'ensemble de la santé et dont on ne s'aperçoit que par hasard, si bien qu'on est autorisé à l'appeler très légitimement *albuminurie des gens en apparence bien portants*, et cela avec d'autant plus de raison que le plus souvent le rein conserve, chez de pareils sujets, l'intégrité fonctionnelle la plus complète et que le trouble de la sécrétion urinaire ne semble exposer ceux qui en sont atteints à aucune complication sérieuse.

Quoi qu'il en soit, malgré sa bénignité très réelle, ce trouble fonctionnel constitue un phénomène anormal, ou *pathologique*; car, si certains de ces sujets n'ont présenté que d'une façon absolument exceptionnelle et sans retour, de l'albuminurie nette, à la suite d'une perturbation d'ordre naturel, j'en sais d'autres, beaucoup plus nombreux d'ailleurs, qui ont conservé de l'albuminurie pendant des mois, d'une façon intermittente sans doute, mais enfin se manifestant en quelque sorte régulièrement sous l'influence d'une cause déterminée, toujours identique à elle-même, à condition de rencontrer une réceptivité organique toute spéciale. Lorsque le phénomène se reproduit avec de tels caractères de régularité et de durée, il importe de l'analyser soigneusement et de chercher à en bien spécifier la valeur.

2. — CONDITIONS ÉTIOLOGIQUES GÉNÉRALES, FRÉQUENCE DE L'ALBUMINURIE DITE PHYSIOLOGIQUE OU DES GENS BIEN PORTANTS. — L'albuminurie est la règle chez les nouveau-nés (Virchow, Martin, Ruge, Hofmeister, etc.). Dursch ne l'aurait constatée que 38 fois $^o/_o$; je suis disposé à voir dans ce phénomène, avec Ribbert, le résultat d'une formation encore incomplète des glomérules ou encore la conséquence d'une desquamation épithéliale des tubes urinifères se produisant parallèlement à celle de la peau : cette albuminurie disparaît rapidement aux environs du dixième jour après la naissance.

C'est généralement chez les adolescents adultes que l'albuminurie dite physiologique est susceptible de reparaître ; on peut l'observer cependant chez des sujets plus âgés (Leube, Furbringer) ; je l'ai constatée moi-même chez un certain nombre de confrères entre 30 et 40 ans. Leube l'a notée chez des militaires très vigoureux.

Les conditions susceptibles de la provoquer ont été très soigneusement analysées par le Dr Finot qui, ayant, à notre demande, minutieusement examiné et *suivi* un certain nombre de ses camarades à l'École de santé militaire, a constaté d'abord la grande fréquence du symptôme : 15 jeunes gens sur 18 rigoureusement analysés deux mois de suite ont présenté de l'albuminurie à l'état intermittent, de telle sorte que, sur 795 analyses, 92 examens pratiqués par le Dr Finot ont été positifs — soit 11 fois 1/2 $^o/^o$. Or il s'agissait toujours de sujets parfaitement constitués, qui avaient subi l'examen d'entrée à l'École et qui n'offraient aucune infirmité ou tare organique quelconque. Mais ce chiffre est peut-être encore au-dessous de la normale si l'on en croit les statistiques de Celle de Châteaubourg, de Capitan, de Zabel ; et il est incontestable que bien des cas analogues doivent nous échapper, car ce n'est guère que là où l'on peut multiplier des analyses méthodiques et en quelque sorte *disciplinairement*, c'est-à-dire à l'école, au couvent, ou à la caserne, qu'une pareille recherche peut être faite avec fruit — c'est peut-être là aussi une des raisons qui nous font imputer plus spécialement à l'adolescence un pareil trouble de la fonction rénale.

3. — L'ALBUMINURIE DITE PHYSIOLOGIQUE EST AVANT TOUT UNE ALBUMINURIE DE FATIGUE. — Le fait est établi par les constatations de Leube, de Semmola, et, très vraisemblablement, elle tire sa raison d'être et son explication naturelle des expériences de Ranke, sur lesquelles nous allons avoir à revenir.

Finot a bien montré l'influence que les exercices soutenus pouvaient avoir sur sa production ; c'est l'escrime qui a l'action prépondérante, l'exercice du cheval vient ensuite, mais avec une importance sensiblement moindre. L'exercice forcé de la bicyclette agit dans un sens analogue : les constatations récentes de Keller et de Albu viennent de le démontrer.

Mais l'albumine n'apparaît pas toujours dans des conditions analogues à la suite d'un exercice de même nature et de même durée ; il y a des causes contingentes qui jouent un rôle provocateur. Or, comme presque tous ces jeunes sujets sont entachés d'arthritisme personnel ou héréditaire, il n'est pas étonnant de les voir, plus que d'autres, exposés à subir profondément l'influence des troubles météorologiques et présenter un abaissement plus marqué de la pression artérielle périphérique sous l'impression de ces perturbations. Je sais bien que cette influence seconde ne ressort guère avec grande évidence des tableaux statistiques de Finot, mais je l'ai pour mon compte observée avec la plus grande netteté, et il me semble difficile d'en contester l'existence. J'ai vu très nettement aussi que, dans leur période d'albuminurie transitoire, de tels sujets pré sentent toujours *un abaissement sensible de la pression artérielle*; or, si l'on rapproche de ce fait les recherches de Ranke établissant qu'un exercice violent dérive dans les muscles de la vie organique une quantité considérable de sang, au dépens de la circulation profonde, on est vite induit à conclure que la fatigue prolongée, de par cet afflux sanguin intramusculaire que trahissent l'abaissement de la pression artérielle et la diminution des urines, détermine dans la circulation rénale un ralentissement important du courant sanguin, éminemment favorable à la filtration intra-glomérulaire de l'albumine.

4. — CARACTÈRES DE L'ALBUMINURIE PHYSIOLOGIQUE; CONDITIONS ET PÉRIODES D'APPARITION; TROUBLES UROLOGIQUES CONCOMITANTS. — Elle est essentiellement *intermittente* et *irrégulière*, sa période d'apparition, matinale ou diurne, étant en général commandée par le moment où se produit l'exercice physique qui tend à la provoquer; ainsi chez nos jeunes élèves où elle s'observait plus communément le matin, c'est que l'escrime avait eu lieu à une heure plus matinale; mais, souvent ce n'est que quelques heures après la fatigue qui doit lui donner naissance que le symptôme apparaît. Quoi qu'il en soit, c'est en général au milieu du jour que l'albumine filtre, et cela dans la proportion de 2 cas sur 3. Furbringer admettait, de son côté, la prédominance des poussées matinales; mais ce n'est point conforme à nos observations que confirment d'ailleurs celles de Duck, Marcacci, et Moxon.

Le fait le plus particulièrement intéressant et qui ne paraît pas encore avoir été signalé, c'est la différence qui existe en général entre l'albuminurie du matin et celle du soir, au point de vue de leurs réactions chimiques; la première présente en effet d'une façon presque constante les caractères de la *globuline*, la seconde ceux de la *sérine*. Finot l'a constaté d'une façon presque absolument régulière chez ses camarades en observation; peut-être ces variations sont-elles en rapport avec la nature de l'exercice qui provoque l'albuminurie, la globulinurie répondant plus fréquemment à la fatigue occasionnée par l'escrime et à l'élimination des déchets musculaires (albuminurie colliquative de Gubler), la *sérinurie résultant* plus volontiers de la congestion rénale qui peut dépendre directement de la secousse provoquée par l'exercice du cheval. Nous ne voulons point prétendre qu'il s'agisse là d'une règle absolue, mais le phénomène nous a paru assez constant pour mériter une mention toute particulière.

En dehors de cette notion spéciale, nous n'avons à signaler comme caractères appartenant en propre à cette catégorie d'albuminurie que les particularités suivantes : *plus grande rareté de l'urine émise, densité généralement plus élevée, couleur plus foncée ; sels en excès.* Nous retrouverons d'ailleurs presque constamment ces mêmes caractères associés, chaque fois qu'il s'agit d'albuminurie fonctionnelle. Je n'ai, pour mon compte, jamais rencontré de cylindres dans ces urines, bien que Noodern prétende que *les tubes hyalins et même granuleux* ne sont pas rares dans leurs sédiments. J'avoue ne pas ajouter, en ce qui me concerne, une très grande importance au phénomène en luimême, car j'ai vu des sédiments urinaires contenant des débris de tubes granuleux chez des sujets non affectés d'albuminurie et indemnes de toute poussée néphritique. Et du reste la *cylindrurie* sans albuminurie a été signalée récemment encore par Kobler et par Kossler.

Chez les sujets affectés d'albuminurie « dite *physiologique* », la *peptonurie* n'est pas rare ; on la constate habituellement dans les urines du matin chez les sujets à type albuminurique diurne. Le même fait a été signalé aussi avec précision par Finot. Quant à la présence de la *nucléo-albumine* (ancienne mucine) signalée surtout par Noorden, c'est en général dans les cas où l'albuminurie est accentuée ou provoquée par la *station debout* qu'elle se rencontre de préférence. Nous n'insisterons pas ici sur cette question, devant y revenir plus longuement au chapitre des albuminuries d'origine nerveuse, parmi lesquelles l'albuminurie de la station debout, ou albuminurie orthostatique, nous paraît devoir se ranger.

5. — Evolution et pronostic. — *Cette variété d'albu-minurie ne comporte pas une symptomatologie qui lui soit propre*, autrement elle ne mériterait plus son nom d'albuminurie des sujets en apparence bien portants. Quand il existe des symptômes connexes, c'est qu'ils dépendent le plus souvent d'un état pathologique concomitant qui peut à la rigueur ajouter son influence provocatrice dans la production du syndrome (telle la dilatation de l'estomac avec ou sans hyperchlorhydrie) ou qu'ils relèvent d'une dyscrasie généralement héréditaire qui est elle-même une cause prédisposante à l'albuminurie. C'est chez de pareils sujets que l'on rencontre souvent au milieu du jour de ces urines lactescentes avec gros dépôt de mucus rapidement formé et production à la surface du verre de cette couche croûteuse d'oxalurates et de phosphate ammoniaco-magnésien qui a une grande analogie avec la kyestéine des anciens accoucheurs.

C'est tout au plus si, chez les sujets affectés d'albuminurie *dite* physiologique pure, on peut noter un léger degré de dépression très passagère des forces au moment de la décharge albumineuse, ou une fluxion catarrhale rapide au niveau de la muqueuse nasale.

Quant à la *durée même* du phénomène, il est très difficile de se prononcer d'une façon formelle ; et j'estime que tous les chiffres donnés jusqu'ici risquent d'être inexacts. Ce genre d'albuminurie, plus spécial sans doute à l'adolescence, a été vu chez des adultes. Or qui nous prouve que chez eux cet accident n'existait pas déjà dès l'enfance, et d'autre part qui peut nous démontrer que les jeunes sujets que nous avons observés nous-mêmes ne conserveront pas des années et des années, toute leur vie peut-être, cette disposition ? C'est là un point fort intéressant à élucider : Finot, mieux que personne, sera susceptible de nous renseigner, s'il veut bien suivre les condisciples qui figurent dans ses tableaux statistiques et qu'il sera toujours en état de retrouver. En tout cas, le symptôme paraît en lui-même un signe d'une *bénignité absolue*, car je ne sache pas qu'aucun des sujets que j'ai eu l'occasion de suivre moi-même ait eu réellement à en souffrir ; et il n'est pas à ma connaissance qu'un seul des camarades de Finot ait été notoirement malade ou ait été entravé d'une façon quelconque dans l'exercice de sa carrière (huit années ont passé déjà depuis ces constatations). Mais, pour conclure avec certitude, il faudrait des observations à plus longue portée, et j'avoue qu'à ce sujet il y a lieu de faire des réserves.

Je les formulerai, *à titre d'hypothèse s'entend* ; car les vues que je vais exposer auront peut-être pour certains yeux quelque apparence de paradoxe. A tout bien considérer, en effet, on est peut-être en droit de se demander si ces sujets paraissant bien portants, faisant de l'albuminurie à la moindre fatigue et sans aucune réaction fonctionnelle apparente, ne sont pas les *vrais prédisposés* aux affections rénales à venir ? Nous établirons plus tard que les jeunes sujets affectés d'albuminurie cyclique ou nerveuse ne sont pas plus spécialement enclins au mal de Bright, et que de nombreux enfants, frappés à une époque quelconque de leur existence de néphrite infectieuse ayant laissé après elle une traînée albuminurique de plusieurs mois, échappent aisément au mal de Bright. Mais ceux-là mêmes qui, comme dans la catégorie qui nous occupe, font de l'albuminurie sans cause pathologique provocatrice directe, à l'occasion de simples troubles de fonctions dans un organe voisin, ou de phénomènes ne sortant pas du cadre des modalités physiologiques, ne sont-ils pas ceux-là vraiment qui sont marqués au coin de la vraie tare héréditaire et dont le rein est en état de méiopragie fonctionnelle, puisque le filtre rénal est susceptible chez eux de laisser passer l'albumine sans provocation réelle ? Qu'à la suite d'une infection, d'un traumatisme, ou d'une intoxi-

cation sérieuse, le rein laisse filtrer de l'albumine,
rien de plus naturel, c'est le fait même de l'effraction
brutale, et l'on peut supposer que, la cause morbi-
gène une fois disparue, la restauration intégrale de
l'organe pourra se réaliser. Mais quand le rein laisse
filtrer l'albumine sans provocation, voilà qui me
paraît constituer la vraie prédisposition morbide,
surtout quand les influences héréditaires directes ou
collatérales, viennent s'y associer.

Dans la statistique de Finot, l'hérédité arthritique
figure parmi les antécédents des sujets les plus enclins à l'albuminurie de fatigue ; les infections (scarlatine ou diphtérie) qui ont une affinité spéciale
pour le rein, passent au second plan. Dans mes
notes personnelles, cette influence de l'hérédité paraît
plus nette encore. Voici quelques faits pris au hasard :
C'est d'abord le jeune collégien, dont nous avons
rapporté plus haut l'histoire, et devenu brusquement albuminurique, mais pour 24 heures seulement, à la suite de l'ingestion d'une copieuse portion de poisson ; un de ses frères est mort tuberculeux, et son père est affecté d'artério-sclérose. Puis,
c'est une femme de 25 ans de tendance adipeuse ;
elle a de l'albuminurie intermittente quand elle se
livre à un exercice pénible, se lève par exemple
à 4 heures du matin pour aller vendre sur les mar-
chés de la banlieue les produits d'une exploitation
qu'elle dirige : sa mère est morte cardiaque, son
frère vient de succomber au mal de Bright.

Un jeune homme de 18 ans accompagne chez moi
un de ses cousins, mort depuis tuberculeux et chez
lequel je constate de l'albuminurie ; il me prie, par
pur sentiment de curiosité, d'examiner ses propres
urines : il a aussi de l'albumine. Mais un second examen pratiqué le lendemain lui montre que cette
albumine a disparu et le rassure : or, le père du jeune
garçon a succombé depuis à une maladie d'Addison
avec tuberculose pulmonaire, sa mère me semble menacée du côté des sommets, sa tante a été emportée de
tuberculose génito-urinaire, et la fille de cette der-

nière est atteinte de rétrécissement mitral. Une femme de 40 ans a eu des rhumatismes articulaires et quelques accès d'asthme espacés ; à la suite de fatigues inusitées et suivies d'émotions assez vives, je lui trouve de l'albuminurie très passagère : sa mère vit encore, mais elle a de l'albuminurie et des crises comitiales larvées, etc.

La question est donc posée, et le problème à résoudre est bien actuellement celui-ci : Parmi les albuminuries fonctionnelles qui ne s'accompagnent pas de symptômes sérieux et ne paraissent pas compromettre la santé, celles qui prédisposent au mal de Bright dans un avenir plus ou moins éloigné ne sont-ce pas précisément celles qui se produisent sans cause provocatrice et ne paraissent pas de prime abord se rattacher à une cause morbide *extra-rénale* déterminée ? C'est l'avenir et des observations nombreuses minutieusement recueillies qui prononceront. Et ce qu'il y aura lieu de rechercher surtout, c'est d'établir si les infections susceptibles de provoquer l'albuminurie ont plus de tendance à entraîner chez de pareils sujets la persistance du symptôme ?

Quoi qu'il en soit, ces albuminuries ne veulent pas être traitées : il n'y a pas de thérapeutique à faire puisqu'il n'existe ni affection rénale constituée, ni manifestations constitutionnelles corrélatives. Il n'y a que des conseils de prudence à formuler et quelques écueils à signaler aux jeunes sujets de cette espèce. On devra recommander la modération dans les exercices que l'on sait susceptibles de provoquer plus facilement l'albuminurie ; on prescrira une grande régularité de vie, de prolonger quand on le pourra le décubitus horizontal, de soigner le régime alimentaire, en évitant tout ce qui est susceptible de provoquer le surmenage du rein et plus particulièrement l'usage immodéré de l'alcool et des mets excitants. Le port de la ceinture de flanelle sera d'une saine prévoyance. Enfin, s'il survient des infections passagères, on surveillera avec grand soin la réaction des urines, afin de parer immédiatement aux inconvénients

que pourrait avoir la poussée de néphrite infectieuse,
même la plus légère. L'usage du lait pourra, dans les
états aigus, être plus particulièrement recommandé..

III. — ALBUMINURIE INTERMITTENTE CYCLIQUE DES ADOLESCENTS

J'ai décrit, au Congrès de Grenoble de 1884, quelques semaines après Pavy, qui venait de faire une
communication analogue au Congrès de Cardif, un
complexus pathologique nouveau, auquel je donnais le
nom *d'albuminurie intermittente cyclique des jeunes
sujets*. Je n'avais certes pas la prétention d'avoir le
premier enregistré le phénomène clinique : un certain
nombre d'observateurs en avaient déjà relevé des
exemples. Mon but surtout était de mettre plus nettement en lumière, la véritable portée clinique de ce
syndrome, d'en déterminer l'évolution, d'en analyser les conditions provocatrices, de montrer, enfin,
qu'on avait bien affaire, non pas à un symptôme
isolé mais à un véritable complexus, ayant sa signification propre et sa valeur personnelle.

Je crois en effet (et les nombreuses observations
que j'ai recueillies depuis n'ont fait que confirmer
mon impression première), qu'on peut, sans hésitation aucune, décrire, à titre de syndrome bien défini,
une albuminurie, spéciale aux jeunes sujets, *intermittente* dans ses manifestations extérieures, et appa-
raissant d'une façon régulière, *à une heure déterminée* de la journée, toujours la même, et, par conséquent,
cyclique. Cette albuminurie qui s'accompagne d'un
certain nombre de malaises précis, qui se manifeste
dans des conditions toujours adéquates, qui se
montre dans les familles ayant le même cachet pathologique, évolue presque fatalement dans le sens
des grandes dyscrasies constitutionnelles qui nous
sont connues, et plus particulièrement le rhumatisme, la goutte, exceptionnellement la tuberculose.

Le temps n'a fait que confirmer cette opinion que
j'ai formulée dès ma première description clinique :

je l'ai reproduite sans y presque rien changer dans
une leçon publiée trois ans après dans le *Bulletin
médical*. C'est elle que mon élève et ami, le Dr Merley, a vulgarisée quelques mois plus tard dans une
thèse inaugurale aujourd'hui devenue classique (1).
C'est elle enfin, que plus de quarante observations recueillies depuis me permettent de soutenir
aujourd'hui sans presque rien changer aux grandes
lignes de cette description première. Mais, quoique
bien nettement déterminé dans ses principaux caractères, le groupe qui nous occupe présente en certains
points des limites un peu indécises, et très certainement il faut y regarder de bien près si l'on veut
éviter quelques confusions regrettables. Il nous
paraît certain, en effet, que plus d'une fois on a décrit
sous le nom d'albuminurie intermittente cyclique
une albuminurie d'ordre tout différent, et qu'on a
dû englober dans ce groupe nosologique un certain
nombre de cas qui seraient plus rationnellement
étiquetés sous le nom d'albuminurie prétuberculeuse, d'albuminurie digestive, d'albuminurie mécanique relevant de certaines altérations cardiaques
orificielles. Nous-mêmes, au début, n'avons certés
pas évité cette confusion, et très certainement quelques-unes de nos observations, le n° 16 de la thèse
de Merley, par exemple, devraient être rigoureusement distraites de ce groupe. Ces distinctions, d'ailleurs, paraissent d'une nécessité absolue surtout au
point de vue du pronostic et du traitement rationnel
qui convient à chacune de ces espèces morbides.

Mais si j'élimine de mes notes les faits douteux ou
discutables, il me reste encore plus de vingt observations suivies régulièrement et remontant à plus
de quinze ans : ces faits sont assez nettement con-
cordants pour éviter toute équivoque, pour établir
l'existence réelle du cycle urologique, et pour confirmer l'existence du complexus morbide et l'importance de sa portée clinique. C'est, du reste, en me

(1) MERLEY, *Thèse de Lyon*, 1887.

basant sur ces faits d'une observation déjà longue que je puis aujourd'hui tracer les grandes lignes de ce syndrome particulièrement digne d'intérêt.

1. — CARACTÈRES DES URINES ; MODIFICATIONS ET OSCILLATIONS DE LA FILTRATION ALBUMINEUSE. CYCLE URINAIRE CORRESPONDANT. — Le phénomène *albuminurie* étant le plus intéressant et constituant en l'espèce le trouble fonctionnel le plus caractéristique, c'est avant tout lui qui doit fixer l'attention. Les urines émises au moment de la perturbation morbide ont quelques caractères spéciaux : elles sont souvent louches, foncées, de densité élevée (1,022 à 1,025) de réaction faiblement acide ou alcaline, de coloration parfois verdâtre, donnant par le repos un dépôt assez abondant de mucus et de sels uratés ou phosphatiques. Un de leurs caractères les plus intéressants est de présenter à jour frisant un certain nombre de paillettes brillantes donnant des reflets irisés, ou ressemblant à des parcelles de poudre à sécher l'encre en suspension dans le liquide. Ces urines graissent le verre où elles sont recueillies, laissant comme une trace huileuse sur la paroi par laquelle elles se sont écoulées ; enfin, elles contiennent de l'albumine en des proportions qui varient suivant le moment de la journée où se pratique l'examen. Cette albumine, toujours en quantité modérée (elle n'atteint jamais un gramme), se rapproche plus souvent, par ses réactions, de la globuline, mais que de la sérine ; en général il s'agit de séro-globuline, la globuline est toujours prépondérante. Le précipité qui lui correspond est exceptionnellement cailleboté ; et l'*albumine n'est pas rétractile*. Souvent l'ébullition ne suffit pas pour en démasquer la présence et ce n'est qu'à l'aide de l'acide nitrique, versé lentement le long du verre, suivant le procédé d'Heller-Gübler, qu'on arrive à la déceler ; encore ce précipité est-il parfois fort tardif ; si bien qu'il faut attendre souvent vingt minutes pour le constater.

Le fait *le plus intéressant*, c'est la *régularité cyclique* de la production du symptôme. Voici, en général, dans quelles conditions habituelles il se présente :

Les urines du matin n'offrent aucune altération, et les réactifs les plus délicats sont impuissants
à révéler la présence de l'albumine. Entre midi et
1 heure de l'après-midi, l'acide nitrique provoque
l'apparition d'une énorme quantité de matières colorantes, les urines deviennent rouge foncé ou lie-de-
vin ; en même temps, un très léger disque opalin
d'albumine apparaît au-dessus des colorants ; le
disque s'accentue à mesure que l'heure avance, puis
bientôt apparaît un double disque : disque d'urates
dans la partie la plus élevée du verre à expériences,
disque amoindri d'albumine dans la portion sous-
jacente, au-dessus des colorants. Vers 4 ou 5 heures,
le disque d'albumine s'est considérablement aminci,
souvent même il a disparu ; le disque d'urates seul
subsite à ce moment ; lui-même s'efface à la fin de
la journée, moment où se précipite, dans bien des
cas au fond du verre un dépôt important d'azotate
d urée.

De 7 à 11 heures du soir, les urines le plus souvent ne présentent aucune altération : dans quelques
cas plus rares, cependant, on a pu observer comme
un double cycle, les mêmes altérations citées plus
haut étant susceptibles d'apparaître encore pendant
la digestion du repas du soir. Klemperer, de son côté,
a noté plusieurs fois ce double cycle albuminurique.

L'examen des dépôts urinaires présente quelques
particularités dignes d'être signalées : les oxalates y
sont particulièrement abondants : Utzmann, Moxon,
Rendall, Pavy l'ont formellement constaté. L'excès
de phosphate ammoniaco-magnésien est aussi la
règle ; les vrais cylindres font habituellement défaut,
mais on peut constater très fréquemment la présence
de traînées de mucus fixant des sels uratiques, ou
quelques cellules épithéliales, sortes de moules
ébauchés des tubes collecteurs et que l'on aperçoit
sur le champ de la préparation comme des espèces
de nébuleuses de nature albuminoïde, et que le picro-
carmin colore d'ailleurs faiblement. Peut-être même

que la caséine entre dans une certaine mesure dans leur constitution. Ces urines, en effet, présentent souvent la réaction de Prout, c'est-à-dire troublent à chaud, sous l'influence combinée de la chaleur et de l'acide nitrique, alors qu'à froid elles restent limpides sous l'influence du réactif.

Dans la période d'albuminurie, la sécrétion urinaire est loin d'être normale, l'oxalurie est fréquente, conformément aux observations antérieures ou parallèles de Moxon, Pavy, Maguire, Klemperer, Rendall. La phosphaturie est aussi fréquente, l'azoturie lui succède habituellement : toutes modifications de la sécrétion urinaire qui trahissent à n'en pas douter un vice profond de la nutrition.

2. — Caractères de l'albuminurie intermittente cyclique. — Un certain nombre de réactions fonctionnelles constantes trahissent en général l'existence de l'albuminurie cyclique : ce qui constitue une ligne de démarcation fort tranchée entre ce groupe morbide, et l'albuminurie intermittente des gens bien portants que seul l'examen des urines est susceptible de révéler ; ici, au contraire, il existe une sorte de symptomatologie *constante*, aussi bien du côté de l'état général que des manifestations localisées. Tous les malades accusent un malaise vague et permanent, une diminution progressive des forces, de l'inaptitude au travail, un certain degré d'éréthisme nerveux et de la tendance à l'hypocondrie. Il existe des troubles de la sensibilité générale, des douleurs dans les jambes, et plus spécialement dans les mollets ; la rachialgie est de règle, on l'observe 60 fois $^o/_0$.

On constate presque toujours un degré très prononcé d'hyperexcitabilité cardiaque (40 fois $^o/_0$), des bouffées de chaleur à la face, avec sensation de brûlure ou de froid aux extrémités ; la céphalée est très fréquente (60 $^o/_0$), souvent elle s'accompagne de sensations vertigineuses, quelquefois avec sentiment de chute. Un certain nombre de malades ont présenté des manifestations cutanées, de l'urticaire principalement, en dehors de toute altération de l'estomac.

Les malades, en effet, sont généralement gros mangeurs, et c'est de façon toute exceptionnelle que nous avons pu noter chez quelques-uns des vomissements ou du spasme œsophagien.

L'existence d'un certain nombre de *symptômes négatifs* mérite d'être spécialement signalée, les troubles oculaires manquent presque absolument : un seul de nos malades a présenté des mouches volantes, mais sans troubles évidents des milieux ou du fond de l'œil ; il n'existe aucune altération de la circulation centrale ; absence absolue de galop et d'élévation de la pression artérielle ; dans le plus grand nombre des cas, au contraire, la pression périphérique appréciée avec le sphygmo-manomètre de Potain nous a paru diminuée. Les malades n'ont jamais présenté d'œdème, aucun signe d'auto-intoxication brightique, ni cryesthésie, ni doigt mort, ils n'ont jamais été arrêtés dans leurs études ou dans leurs occupations journalières.

3. — EVOLUTION ET PRONOSTIC. — Lors de ma description de 1884-87, je formulai un certain nombre de réserves bien naturelles sur la valeur pronostique d'un pareil syndrome ; je n'avais pas à cette époque les éléments nécessaires pour me prononcer formellement à ce sujet. Il en est autrement aujourd'hui et je suis en mesure d'affirmer très nettement la bénignité absolue de cet accident. J'ai, pour appuyer mon opinion, des documents de première valeur ; il me suffit de répéter ce que je disais à ce propos, il y a quatre ans, au congrès de médecine interne de Nancy : « Des 16 malades figurant dans la thèse de Merley, 1 a été perdu de vue, 1 est devenu hyperchlorhydrique permanent, 3 ont eu de nouvelles poussées dont 1 fois pendant une grossesse, 11 sont actuellement admirablement portants et n'ont plus d'albumine depuis longtemps. Sur 7 jeunes filles, 4 se sont mariées et ont eu un certain nombre d'enfants, pas une n'a eu de crise d'éclampsie, une a présenté un peu d'albumine dans le cours de la gestation, une autre des accidents dystociques auxquels l'albuminurie

était absolument étrangère, 2 absolument rien. »

Depuis que j'écrivais ces lignes, quatre années sont écoulées et les malades dont il s'agit n'ont eu aucun accident spécial à signaler, ce qui constitue en définitive une guérison absolue de $78\,^0/_0$ et une guérison relative pour le reste des cas. Je n'ai pas eu une terminaison fatale à déplorer. Dans les cas où la guérison complète a été réalisée, l'albumine a disparu dans un laps de temps variant de 2 à 3 ans, les autres malades ont eu à éprouver soit un retour offensif de l'albuminurie, soit une apparition précoce des accidents diathésiques nouveaux auxquels l'uricémie donne lieu souvent d'une façon plus tardive.

4. — Etiologie générale et Pathogénie. — J'estimais autrefois à $13\,^0/_0$ seulement des albuminuries fonctionnelles, la fréquence de l'albuminurie intermittente cyclique. Ce chiffre est très au-dessous de la réalité. Mes statistiques plus récentes permettent de le porter à 30 ou $35\,^0/_0$. C'est de 15 à 32 ans qu'on l'observe de préférence : on la constate un peu plus fréquemment chez les garçons que chez les jeunes filles, soit dans la proportion de 3 pour 2. On la rencontre assez souvent chez plusieurs enfants de la même famille ; nous l'avons observée chez 7 frères ou sœurs. Le Dr P. Lacour, à Lyon, et tout récemment à Paris le Dr Londe ont cité des faits analogues d'*albuminurie familiale*.

Elle n'est le fait, ni d'une infection antérieure, ni de conditions mécaniques ou d'altérations viscérales spéciales : sa cause déterminante est avant tout une influence héréditaire nettement déterminée : les antécédents neuro-arthritiques de nos jeunes sujets sont tellement constants que, dès la première heure, ils nous ont frappé et nous ont permis de désigner l'albuminurie qui en est la conséquence sous le mon d'*albuminurie prégoutteuse*. Mais, à côté des causes génératrices directes, il y a des conditions secondes qui en facilitent l'apparition : à cet égard, les exercices forcés, la fatigue, l'escrime ou l'équitation peuvent figurer à titre de causes acces-

soires. J'ai longuement discuté autrefois le mécanisme pathogénique assigné à ce syndrome par les
différents auteurs qui ont eu l'occasion de le rencontrer, depuis la doctrine de Bar qui attribuait avec
Senator une importance prépondérante à l'alimentation, depuis celle de Bartels et d'Edlefsen qui faisaient
jouer un certain rôle à la fatigue musculaire et à la
station debout, jusqu'à la doctrine de la perméabilité plus grande du glomérule acceptée par Maguire
et par Lépine, théories qui tombent devant cette con-
sidération que, malgré la station debout prolongée,
l'albumine disparaît à partir de 7 heures du soir, ou
devant le fait même de l'*intermittence* qui paraît peu
compatible avec l'idée d'une vulnérabilité héréditaire de l'épithélium rénal. Plus je réfléchis et plus
les observations se multiplient, plus l'idée que j'ex-
posai au congrès de Grenoble se confirme dans mon
esprit, plus je suis disposé en définitive à voir dans
ce syndrome une exaltation de l'activité fonctionnelle du foie, hyperactivité fonctionnelle qui est une
des caractérisques essentielles de l'arthritisme héréditaire. Sous son influence, on ne saurait s'étonner
de voir apparaître en excès dans l'urine des matières
colorantes, provenant d'une trop grande destruction
globulaire intra-hépatique, et conséquemment une
partie de l'albumine qui en dérive et qui s'élimine à
l'état de globuline, puis de l'acide urique, de l'urée et
de la graisse, puisque la production de ces éléments
est fonction même de la cellule glandulaire. Cette
destruction des globules rouges à travers le foie explique aussi la mise en liberté des matières colorantes qui vont tinter les paillettes brillantes flottant
en liberté dans le liquide urinaire, ou constituer le
syndrome plus rare de l'hémoglobinurie paroxystique
qu'il ne m'a pas été donné d'observer moi-même,
mais que Ralfe et Noorden ont signalé quelquefois
concomitamment avec l'albuminurie cyclique.

En définitive, je considère plus que jamais, que
l'albuminurie intermittente cyclique est le résultat
de troubles fonctionnels symptomatiques d'une dys-

crasie naissante, héréditaire, qui n'a pas encore pris sa direction définitive, mais qui semble être la goutte, et qui provoque le trouble pathologique qui nous occupe, par l'intermédiaire d'une suractivité fonctionnelle du foie. Je crois, en cela, être à peu près d'accord avec Pavy, qui faisait de cette affection une dyscrasie, spéciale, analogue à la diathèse phosphatique, et relevant d'une dyscrasie constitutionnelle quelque peu analogue (1).

5. — DIAGNOSTIC DIFFÉRENTIEL. — Telle que nous venons de la décrire, l'albuminerie intermittente cyclique se distingue très nettement des autres albuminuries intermittentes ; et d'abord, de l'albuminurie dite physiologique ou des sujets en apparence bien portants, que nous avons décrite précédemment, et qui se caractérise par ce fait essentiel et primordial, qu'elle ne s'accompagne d'aucun phénomène objectif et subjectif, susceptible de la révéler: l'albuminurie cyclique a, au contraire, une symptomatologie presque toujours adéquate.

L'albuminurie intermittente de la station debout ou orthostatique offre, de son côté, des caractères bien spéciaux et personnels: presque exclusivement composée de sérine, elle n'attend pas le milieu du jour pour faire son apparition, elle se montre dès le matin, et dès les premiers moments de la station debout, sans que l'alimentation ou l'exercice paraisse l'influencer d'une façon plus spéciale: les albuminuries intermittentes d'ordre digestif ou nerveux

(1) On nous reprochera peut-être, en présence de cette interprétation pathogénique, et surtout en lisant plus loin le chapitre spécial à l'albuminurie hépatogène, d'en avoir distrait, sans raison suffisante, l'albuminurie intermittente cyclique. A cela nous répondrons que nous avons voulu avant tout dans notre division des albuminuries fonctionnelles respecter les types cliniques qui semblaient les mieux établis ; nous avons voulu aussi rester fidèle à cette idée nettement exprimée plus haut, à savoir qu'en pratique. il faut toujours, au point de vue pathogénique, et malgré la pluralité des facteurs intervenant, rattacher une albuminurie à *sa cause dominante.* Or, dans l'espèce, c'est la dyscrasie constitutionnelle qui est l'élément prépondérant, le foie n'est que l'intermédiaire, le type clinique doit conserver sa personnalité.

se présentent, elle aussi, avec des caractères particuliers, que nous allons avoir à analyser : seule, l'albuminurie intermittente prétuberculeuse mérite d'être soigneusement différenciée, tant à cause du pronostic différent qu'elle comporte, que de la thérapeutique spéciale qu'elle réclame.

Sans doute, l'*albuminurie prétuberculeuse* est plus souvent matutinale. Puis elle s'accompagne de phénomènes d'*hypotension artérielle*—non pas seulement dans la période d'albuminurie — mais d'une façon constante : parfois il y a de la congestion du sommet, enfin des anamnestiques précis peuvent mettre sur la voie du diagnostic. Mais, dans quelques cas plus rares, et surtout chez les jeunes sujets un peu dilatés de l'estomac, *le cycle est interverti* et l'albumine peut se montrer, irrégulièrement tout au moins, au milieu du jour. Alors la confusion peut être possible, et il faut se livrer toujours, chez de pareils sujets, à un examen minutieux des fonctions respiratoires, comme il faut répéter à nombreuses reprises l'examen des urines, l'existence très nette du cycle urinaire que nous avons décrit plus haut (albuminurie, uraturie, azoturie, excrétion anormale de matières grasses), tous phénomènes qui, trahissant l'hyper-fonctionnement de la glande hépatique, pourront faire songer à l'origine arthritique des accidents. Je ne parle pas de l'*évolution même de ces accidents*, bien que, en nombreuses circonstances, l'apparition d'une granulie se substituant au syndrome albuminurie lui-même, ait tranché définitivement la question de diagnostic ; car je sais quelques sujets chez lesquels l'albuminurie, d'origine incontestablement tuberculeuse, a elle aussi guéri ; comme si cette infection première, et dont l'albuminurie était comme l'expression précoce, les avait défendus, nous n'osons pas dire immunisés, contre une infection nouvelle.

6. — Traitement. — Contrairement à ce qui se passait dans la catégorie précédente, il s'agit là de véritables malades qui veulent être traités. Ce serait toujours une erreur grossière que de les condamner au ré-

gime rigoureux des brightiques, de les immobiliser au lit, ou de les astreindre au régime lacté absolu ; ce serait les conduire fatalement à la dépression progressive des forces et quelquefois même à la recrudescence de leur mal. Il faut se souvenir, avant tout, que ce sont des arthritiques héréditaires et des prédisposés à la goutte : leur alimentation sera surveillée en conséquence, on leur prescrira l'usage des viandes blanches et des légumes herbacés ; on leur recommandera une hygiène rigoureuse, des soins particuliers de la peau, de l'exercice régulier, des frictions méthodiques, l'usage de la flanelle et des grands bains tièdes. L'hydrothérapie pourra rendre des services, à condition d'être faite d'une façon prudente, et d'éviter la douche froide qui augmente généralement la quantité d'albumine rendue, ainsi que Bouchard l'avait déjà noté, et comme nous l'avons constaté plusieurs fois nous-même.

Parmi les médicaments susceptibles de modifier utilement la quantité d'albumine éliminée, je signalerai particulièrement le tannin, les préparations iodo-tanniques, l'alcool nitrique, la quinine, et parfois même, le benzoate de soude, lorsque l'albuminurie intermittente cyclique s'accompagne de quelques signes de catarrhe des voies urinaires.

Il ne faut pas oublier que, chez plusieurs de ces malades, il existe un certain degré de faiblesse générale et d'anémie globulaire ; alors les préparations martiales pourront trouver leur indication. C'est en tenant compte enfin de ces considérations diverses, qu'on se déterminera aussi dans le choix d'une cure balnéaire : aux rhumatisants névropathes ou excitables, on conseillera surtout les eaux sédatives de Plombières, Néris, Baden (Argovie), Ragatz. Tandis que, aux arthritiques anémiés ou héréditairement suspects, les eaux reconstituantes de La Bourboule ou de Royat seront plus utilement recommandées.

IV. — **ALBUMINURIES DIGESTIVES**

Il est de notoriété courante que, chez la plupart des albuminuriques, le travail de la digestion augmente la quantité d'albumine éliminée. On sait, d'autre part, que certains aliments et principalement ceux qui sont exposés à subir des fermentations rapides et à fournir des ptomaïnes sont capables de provoquer —*proprio motu*— l'apparition de l'albuminurie, sans lésion rénale préalable. Cette action implique d'ores et déjà la raison d'être et la nécessité d'appliquer un régime rigoureux aux sujets prédisposés à la sécrétion de l'albumine. Mais elle impose en outre une distinction fondamentale entre les diverses albuminuries de source gastrique, que nous devrons diviser en deux catégories : c'est-à-dire : *en albuminuries d'alimentation et en albuminuries d'origine purement digestive.* De la *première*, nous ne nous occuperons point ici, car elle ne comporte pas la description d'un type clinique correspondant. Son étude rentre dans l'histoire du traitement du mal de Bright et nous ne saurions nous étendre sur ce côté spécial de la question.

L'*albuminurie digestive* est autre chose ; c'est celle-là seulement qui, ayant son *point de départ exclusif ou prépondérant* dans un état de voies digestives, aussi bien gastriques qu'intestinales, est directement subordonnée à la maladie primitive, suit rigoureusement ses oscillations et ses recrudescences et surtout disparaît avec elle.

L'albuminurie digestive est fréquente ; depuis les beaux travaux de Bouchard sur la dilatation de l'estomac, on a pris l'habitude de la rechercher dans la plupart des cas d'ectasie gastrique où, suivant les statistiques de ce maître éminent, on la trouve, au moins une fois sur trois. D'après mes chiffres personnels, elle constitue assurément une modalité de choix parmi les albuminuries d'ordre fonctionnel, puisqu'elle représente 25 °/₀ des faits d'albuminurie non brightique.

A tout bien considérer, les albuminuries digestives doivent être divisées en trois groupes principaux :

1° Il y a d'abord les albuminuries d'ordre gastrique proprement dit ; 2° les albuminuries d'ordre hépatique ; 3° enfin des albuminuries à origine intestinale.

1. — ALBUMINURIE D'ORIGINE GASTRIQUE PROPREMENT DITE. — Elle constitue une bonne moitié de la totalité des albuminuries digestives ; toutefois, ce chiffre n'est qu'approximatif, pour cette bonne raison qu'il existe des cas mixtes et plus spécialement des faits où le foie joue un rôle accessoire important dans le phénomène de *la leucomurie*. Il suffit de rappeler à ce sujet que Bouchard a bien spécifié que c'était surtout chez les dilatés à gros foie que l'on rencontrait les urines albumineuses.

C'est l'ectasie gastrique qui fait, en général, les frais de l'albuminurie digestive : l'ulcère, la gastralgie avec ou sans hyperchlorhydrie, le cancer, à son début surtout, provoquent exceptionnellement l'albuminurie. Dans notre statistique hospitalière, le cancer figure cependant comme ayant coïncidé avec un certain nombre de cas d'albuminurie digestive. Mais il y a lieu de considérer qu'il s'agissait surtout de tumeurs à la période cachectique ou des généralisations, de telle sorte qu'en pareil cas, l'albuminurie nous paraissait bien plus relever de causes accessoires, compression, ascite, phénomènes vésico-rectaux consécutifs à l'envahissement vertébral, qu'au trouble digestif lui-même.

Les urines, émises sous l'influence du trouble digestif provocateur de l'albuminurie se présentent, en général, sous l'aspect suivant: rien de bien particulier du côté des caractères extérieurs ; elles sont limpides, de densité moyenne, plutôt pâles de coloration. Il est rare d'y trouver de l'albumine d'une façon constante ; la leucomurie matinale est exceptionnelle, elle est, en général, diurne, à maximum d'élimination correspondant au summum de l'acte digestif ; elle atteint souvent près d'un gramme : en moyenne, 0 gr. 60 à 0 gr. 80, chiffre notablement plus élevé que celui que nous avons noté dans les cas antérieurs d'albuminurie cyclique. Elle est alors le plus souvent rétractile. Mais le caractère dominant de ces urines, c'est l'association d'autres modifications constituant par leur ensemble une note tout à fait spéciale. Les urates sont toujours en excès, *la peptonurie est presque constante*. — Les phosphates sont en proportion toujours si élevés qu'il n'est pas étonnant de voir la plupart de ces cas englobés par certains auteurs — A. Robin surtout — sous le chef d'albuminurie phosphaturique. Pour nous, ces principaux caractères réunis impliquent l'idée d'une intervention hépatique (hyperfonctionnement ou insuffisance passagère) : la phosphaturie répondant plus spécialement à l'action combinée des fermentations gastriques. D'après A. Robin, enfin, on constaterait dans ces urines l'augmentation de l'azote uréique par rapport à la quantité totale de l'azote éliminé, c'est-à-dire un *coefficient d'oxydation plus élevé.*

Les sujets affectés de ce genre particulier d'albuminuries sont tantôt des adolescents à la période de croissance ou à la fin de leurs études, tantôt des sujets plus avancés en âge, adultes de trente à quarante ans et plus, devenus dyspeptiques à la suite de surmenage, de chagrins, de fatigues exagérées, en général, tous sujets nerveux, dilatés gastriques et hypocondriaques. Ils se plaignent de lassitude, souvent même de grande faiblesse, les femmes surtout, s'il vient se joindre chez elles de la ptose intestinale ou rénale ; l'inaptitude au travail est grande, l'irritabilité nerveuse très prononcée ; bref, ce sont le plus souvent les symptômes de la dyspepsie avec dilatation du ventricule qui dominent, accompagnés fréquemment de réflexes plus ou moins pénibles, de vertiges surtout, de palpitations et souvent d'intermittences cardiaques revenant périodiquement par crises et fatiguant beaucoup les malades. Ajoutons que, chez de tels sujets, *la soif est particulièrement vive*, plus vive que chez les dilatés simples, à tel point que, dans bien des cas, elle a pris pour nous la valeur d'un indice véritablement révélateur. Il existe presque toujours une anémie concomitante assez prononcée et démontrée par l'existence d'une diminution sensible de l'hémoglobine dans le sang; des souffles veineux sont souvent perçus au niveau des jugulaires, et la pression vasculaire corrélative, assez basse. Fait remarquable, cet abaissement de pression n'est pas limité à la période d'albuminurie, ainsi que cela s'observe le plus ordinairement dans l'albuminurie cyclique: *il persiste dans les périodes d'analbuminurie*, et ceci ne saurait trop nous surprendre, si nous tenons compte de l'évolution, non point rare, de ce type clinique vers la tuberculisation pulmonaire. Il serait injuste, toutefois, de faire, de l'albuminurie gastrique avec dilatation de l'estomac, le prélude habituel de l'évolution tuberculeuse. Dans la majorité des cas, l'albuminurie digestive disparaît avec sa cause provocatrice, le plus souvent après quelques semaines de traitement; j'ai même souvenir de certains cas où le syndrome avait persisté plusieurs mois avec des phénomènes fonctionnels d'apparence assez inquiétante (extrême faiblesse, soif intense permanente, pâleur prononcée des téguments, albuminurie atteignant et dépassant même le gramme), qui ont évolué pourtant d'une façon heureuse, si bien que, depuis plusieurs années, la guérison ne s'est pas démentie. L'absence de galop et d'hypertension artérielle et principalement l'exagération de la toxicité urinaire, attribuable surtout dans l'espèce à l'élimination des toxines élaborées dans l'estomac et non détruites par le foie, doivent être considérées comme la cause prochaine de cette hypertoxicité.

Quant à l'*interprétation pathogénique*, elle nous paraît devoir se réduire à deux hypothèse principales: celle de la surchage alimentaire chez des sujets affectés de nutrition retardante, et celle de l'auto-intoxication,

La surchage alimentaire peut être invoquée pour ces malades bradytrophiques qui absorbent des matières protéiques d'une façon disproportionnée avec leurs besoins : les albuminoïdes, non comburés ou incomplètement transformés et non fixés par les tissus, passent à travers le filtre rénal et sont décelés par les réactifs d'usage ; il s'agit presque toujours, en pareil cas, de *séroglobulinurie* avec prépondérance toutefois de la globuline, ce qui explique la tendance à la non-rétractilité du précipité albumineux. Cette hypothèse est des plus rationnelles et s'applique à toute une catégorie de malades; surtout à ces goutteux azoturiques, naturellement et je pourrais ajouter *nécessairement* gros mangeurs, ayant à réparer leurs pertes en azote, à relever par la suractivité circulatoire que provoque le travail digestif leur température centrale toujours basse, mais qui, du fait de la force acquise, se trouvent inaptes à transformer dans l'espace de temps voulu les aliments protéiques qu'ils ont absorbés en excès. Et cela est si vrai, qu'il nous a été donné plusieurs fois déjà de constater la *disparition de cette albuminurie dans le cours d'un état fébrile intercurrent* ; nous avons même vu chez de pareils malades l'achèvement de l'oxydation des matières albumineuses se faire *in vitro* sous l'influence de l'action oxydante d'un excès d'acide azotique et le disque d'albumine se transformer brusquement en une masse énorme de cristaux aciculaires d'acide urique qui viennent se précipiter au fond du verre.

L'auto-intoxication peut s'exercer suivant une double modalité : ou bien il s'agit d'irritation directe du rein par les toxines absorbées ou résorbées par la muqueuse gastrique ou bien l'on a à faire à une action intermédiaire de ces toxines sur le foie qui vient modifier son fonctionnement ou le troubler de façon à provoquer une albuminurie spéciale dont le mécanisme sera ultérieurement déterminé. Quoi qu'il en soit et d'ores et déjà, on peut dire que la qualité de l'albumine rendue n'est pas la même

dans les deux cas : sérinurie presque pure lorsqu'il
s'agit de toxines impressionnant directement le
rein ; globulinurie presque exclusive quand c'est le
foie qui intervient d'une façon prépondérante ; séroglobulinurie dans les cas mixtes qui sont d'ailleurs loin d'être rares. Ces distinctions sont des
plus importantes à maintenir ; car, rapprochées des
signes fonctionnels qu'il ne faut jamais négliger, elles
sont d'une importance capitale pour fixer notre diagnostic pathogénique, et, en remontant ainsi à la
cause même du mal, pour nous guider d'une façon
vraiment utile dans nos interventions.

2. — ALBUMINURIE HÉPATOGÈNE. — La notion de l'existence possible d'une albuminurie d'origine hépatique
est essentiellement moderne : nettement indiquée par
Bouchard qui a montré la prédominance réelle de
l'albuminurie chez les dilatés gastriques à gros foie,
formellement affirmée par Murchison, signalée encore par quelques auteurs tout spécialement compé-
tents (Hanot et Gilbert, Ralfe, Gouget), il lui man-
quait pourtant de passer à l'état de notion clinique
courante diagnosticable et définissable, tant au
point de vue des caractères de l'albuminurie que du
syndrome clinique correspondant. Nous avons cher-
ché à combler cette lacune dans une leçon toute récente, et nous ne pouvons que résumer ici les conclusions des études précises que nous avons entre-
prises depuis longtemps sur la question.

L'albuminurie hépatogène est beaucoup plus fréquente qu'on ne le croit ; dans nos statistiques personnelles, elle est notée comme représentant à
peine le tiers des cas d'albuminurie digestive, alors
qu'il serait pourtant plus rationnel d'interpréter
comme tels, bien des cas considérés comme exemples
d'albuminurie d'origine gastrique. Nous avons montré, dans le chapitre précédent, que c'était vraisemblablement à l'hyperfonctionnement du foie qu'il
fallait attribuer la majeure partie des albuminuries
des jeunes arthritiques. Et si nous ajoutons qu'il
paraît hors de doute que l'albuminurie, si fréquente

dans le diabète gras, a une même origine que la glycosurie, c'est-à-dire une origine hépatique, il sera facile de se convaincre de la part importante que doit désormais jouer, dans la pathologie rénale, cette modalité fort intéressante de l'albuminurie.

Sans entrer dans les développements circonstanciés que comporterait cependant l'examen de ce problème et qui nous entraîneraient beaucoup trop loin, il y a lieu de distinguer pourtant une série de modalités différentes dans les manifestations communes de l'albuminurie hépatique.

1° Dans un premier ordre de faits, l'albuminurie hépatogène nous apparaît comme le résultat de l'hyperfonctionnement hépatique, entraînant une destruction intense des globules rouges dans le foie et la mise en liberté d'une grande quantité de matières colorantes et de globuline qui s'élimineront dans l'urine. C'est l'albuminurie des hyperhémies hépatiques d'origines goutteuse, alcoolique ou diabétique, c'est celle des jeunes sujets candidats à la goutte, à type intermittent et cyclique, que nous avons appelée encore l'*albuminurie prégoutteuse*.

Les urines, qui répondent à un pareil trouble fonctionnel de la glande hépatique, sont en général denses, hautes en couleur et plus rares ; elles sont chargées en urates, en urée, et contiennent des matières colorantes en excès ainsi que des matières grasses, de la caséine peut-être, toutes modifications qui impliquent une suractivité fonctionnelle de la cellule hépatique. A côté de cela signalons tout spécialement la présence de l'albumine : celle-ci *constamment intermittente, diurne*, est composée presque exclusivement de globuline, et très fréquemment s'accompagne de la présence, dans les dépôts centrifugés, d'un nombre important de cylindres hyalins.

Le *syndrome clinique* répondant à de pareilles altérations de la sécrétion urinaire varie avec la nature même de la lésion hépatique qui le provoque ; et l'on conçoit sans peine que les manisfestations morbides que le médecin pourra enregistrer varieront suivant

que l'albuminurie relèvera d'une hyperhémie hépa·
tique d'origine alcoolique ou goutteuse, d'un cancer
du foie avec cirrhose (Hanot et Gilbert), d'un diabète
à sa période de début, d'altérations du foie d'origine
palustre, ou enfin d'accidents lithiasiques plus ou
moins invétérés. Nous ferons remarquer, en passant,
que l'ordre dans lequel nous venons de faire cette
énumération n'est rien moins que fortuit : il répré-
sente, d'après nos observations personnelles, l'indication, par ordre de fréquence décroissante, des principales maladies du foie susceptibles de s'accom-
pagner d'albuminurie. Ne cherchons donc pas à
décrire un syndrome univoque, révélateur de l'albuminurie hépatique, c'est le hasard le plus souvent
qui en provoque la découverte et sans que des
signes spéciaux aient attiré plus particulièrement
l'attention du médecin : les symptômes dominants
relèvent directement de la maladie primitive et
masquent, le plus souvent, les échos plus ou moins
atténués qui trahissent l'altération de l'urine.

Quant à la durée même du syndrome morbide considéré isolément, elle est extrêmement variable, se
prolongeant parfois plusieurs années, comme dans
les cas cités plus haut d'albuminurie cyclique, ou de
diabète mixte ; on la voit d'autres fois procéder par
gros à-coups comme dans certains faits de lithiase
biliaire ou de cholécystite calculeuse, dans lesquels
elle n'apparaît que quelques jours seulement, mais
à l'état quasi massif (3 grammes par exemple), et où
tout rentre rapidement dans l'ordre, sous l'influence
d'un traitement approprié, et souvent malgré l'existence concomitante de symptômes en apparence
alarmants. Telle, par exemple, une des dernières
observations qu'il nous a été donné de recueillir, et
qui concernait une jeune femme, grosse de 7 mois,
entrée en juillet dernier, dans mon service, dans un
état qui semblait des plus inquiétants (de l'ana-
sarque, de l'albuminurie massive, une dyspnée
excessive, mais sans Cheyne-Stokes) et chez laquelle
tous ces accidents s'étaient développés à la suite

d'un ictère simple d'allure essentiellement bénigne.
L'absence de tout phénomène circulatoire grave,
comme d'accidents réels d'auto-intoxication, mais
surtout les caractères de l'albuminurie, composée
presque exclusivement de globuline, me firent examiner l'hypothèse d'une néphrite et affirmer l'origne
hépatique de l'albuminurie. L'avenir confirma les
prévisions : à la suite d'une intervention très simple
la malade put quitter le service au bout d'une quin-
zaine de jours, dans un état relativement très satisfaisant et se rendre à la Maternité, où elle a accouché
heureusement et d'où elle est sortie ne présentant
plus que des traces insignifiantes d'albumine.

Mais, dans la grande majorité des cas, l'albuminurie par hyperfonctionnement hépatique n'évolue
pas au milieu d'un appareil symptomatique aussi
tapageur, car il faut bien admettre que, dans le
cas auquel nous venons de faire allusion, la gravité
du processus était, en grande partie, imputable à la
prédisposition créée par la puerpéralité. On peut
donc affirmer que, dans cette première forme de
l'hépatisme avec albuminurie, le pronostic est presque constamment favorable ; ce qui ne veut pas dire
que, l'albumine une fois disparue, le patient soit à
tout jamais débarrassé des malaises plus ou moins
directement imputables à son ancienne affection ;
mais il ne relève plus que de la maladie primitive,
état hépatique ou constitutionnel dont l'albuminurie
n'a été qu'une manifestation seconde et temporaire.

2º Dans une seconde catégorie de faits, l'albuminurie paraît, au contraire, attribuable à une
insuffisance partielle ou temporaire de la cellule
glandulaire et conséquemment à la transformation
incomplète des albuminoïdes à travers le foie. Bouchard nous a appris, en effet, que le foie a pour mis-
sion de faire passer à l'état d'urée, c'est-à-dire de
substance moins toxique, les albuminoïdes arrivant
par le système porte à un état plus élevé de toxicité ;
cette notion est de première importance, car elle
explique à la fois la raison d'être de l'albuminurie,

dans ces états d'irritation sourde aboutissant à l'hépatite interstitielle légère (alcoolisme, diabète, précirrhose, impaludisme même) et les caractères propres des troubles de la sécrétion urinaire correspondante (surtout la glycosurie concomitante et la diminution de l'urée qui l'accompagne). On ne s'étonnera donc pas de constater du côté des urines des modifications très spéciales et bien différentes de celles qui répondaient aux faits de la catégorie précédente, car non seulement l'urine éliminée, pâle et chargée de mucus, de réaction neutre ou parfois alcaline, contient de faibles proportions d'azote uréique et presque constamment aussi de la glycose en faibles proportions ; mais l'analyse chimique y décèle en plus, assez fréquemment, l'existence d'un certain degré de *peptonurie* et au lieu de globuline presque pure, de la séroglobuline ; albuminurie dont le caractère mixte s'explique très vraisemblablement par l'origine mi-dyscrasique, mi-rénale du phénomène.

Tandis que la forme précédente d'albuminurie hépatique ne s'accompagnait en quelque sorte d'aucun ensemble symptomatique qui lui fût directement attribuable, l'albuminurie par insuffisance fonctionnelle du foie donne lieu à quelques symptômes spéciaux qui méritent d'être signalés. L'*hyperhémie hépatique* est constante et nettement *appréciable à l'exploration* directe du viscère. Le malade accuse un état de lassitude inaccoutumée souvent très prononcé, qui entrave l'exercice de la marche et qui détermine, souvent à lui seul, le patient à s'adresser au médecin ; enfin, l'œdème des membres inférieurs est fréquent et, joint à l'asthénie que nous venons de signaler, il acquiert la valeur d'un véritable symptôme révélateur.

Bien que certainement plus grave que l'albuminurie par hyperfonctionnement glandulaire, cette seconde forme d'albuminurie hépatogène ne comporte pas un pronostic bien sombre. Elle disparaît le plus souvent sous l'influence d'un traitement ou d'une hygiène appropriés, mais il n'en est pas moins vrai qu'elle signifie pour l'avenir la possibilité d'une évolution vers un état morbide sévère, la cirrhose hépatique, ou le diabète confirmé.

3° Dans une troisième et dernière catégorie de faits doivent se ranger les cas d'albuminurie hépatique relevant d'une auto-intoxication ; c'est le plus souvent par suite de la résorption des toxines emmagasinées dans l'intestin et résorbées à sa surface, que l'albuminurie prend naissance. On comprend aisément qu'elle aura d'autant plus de chances de se produire que le foie, insuffisant à neutraliser les toxines (Bouchard, Roger) ou d'autres fois disposé à en exalter la virulence (Guinard, Teissier), laissera passer les différents poisons ainsi élaborés, poisons qui, en irritant le rein lors de leur élimination, entraîneront de la sérinurie ; comme ils pourront aussi par leur action destructive sur les globules rouges mettre en liberté une certaine quantité de globuline, de telle sorte que le précipité albumineux sera nécessairement mixte, la sérinurie toutefois étant prédominante et s'accompagnant assez souvent de la présence de cylindres hyalins ou granuleux, ce qui, d'ores et déjà, implique l'évolution possible vers la néphrite chronique.

Il va de soi que cette troisième forme est nécessairement plus grave : si les désordres hépatiques se prolongent, comme dans un cas dont nous venons d'être le témoin à l'hôpital et qui se rapporte à une femme atteinte d'hydropisie de la vésicule avec fistule biliaire ; pour peu que le rein se trouve prédisposé, du fait d'une néphrite infectieuse de l'enfance, comme c'était précisément le cas dans l'espèce, il est de toute probabilité que l'évolution vers la néphrite ne saurait être évitée.

3. — ALBUMINURIE D'ORIGINE INTESTINALE. — Bien qu'encore très incomplètement décrite, l'albuminurie par retentissement des affections de l'intestin ne saurait être mise en doute. Indiquée assez souvent dans l'étranglement interne, je l'ai observée, pour mon propre compte, un certain nombre de fois,

soit dans la diarrhée symptomatique d'une entérite
tuberculeuse, soit dans les poussées aiguës fébriles
de l'entéro-colite muco-membraneuse. Je l'ai vue
souvent aussi chez de jeunes femmes affectées de
colite glaireuse, soit que des troubles vésicaux
accompagnent la fluxion intestinale, ce qui n'est
pas rare, soit que la colite ait entraîné l'ectopie
rénale droite et provoqué un relâchement de tissus
qui rend le rein ballottant et congestionnable.

On conçoit de suite par ces simples considérations
combien la question devient complexe et quelle
pathogénie multiple va pouvoir être invoquée
comme cause productrice de l'albuminurie ; ici c'est
l'infection tuberculeuse, avec son action directe sur
le rein, qui pourra être mise en cause ; là, c'est le
ballottement du rein et la congestion de l'organe
lui-même que l'on incriminera à juste titre ; ailleurs,
ce sera le catarrhe vésical parallèle qui provoquera
la sécrétion albumineuse ; d'autres fois, enfin, c'est
le foie qui sera indirectement la cause même du
syndrome, soit qu'il ne détruise pas ou qu'il exalte
les toxines intestinales, soit que, à l'exemple du cas
de fistule biliaire cité plus haut, il favorise la production des toxines intestinales par suite du dé-
tournement du flux biliaire, et de la suppression *de
son action antitoxique*, si puissante sur le contenu
de l'intestin. (Teissier et Jardon.)

Les conséquences nécessaires de cette pathogénie
compliquée seront la grande variété de l'appareil
symptomatique qui accompagnera l'albuminurie,
comme la variabilité très grande aussi des caractères des urines et de l'albumine rendues, celle-ci se
présentant tantôt à l'état de nucléo-albumine simple
(catarrhe vésical isolé), tantôt à l'état de sérine
exclusivement (congestion mécanique du rien), en
passant par tous les états ou mélanges intermé-
diaires. Mais quels que soient les caractères de l'albumine rendue, il est exceptionnel que l'urine ne donne
pas nettement la *réaction de l'indol*, preuve indénia-
ble de l'activité des fermentations intestinales et d'une

résorption intense des sulfo-conjugués ; double phénomène dont l'intensité de la réaction donne la
mesure.

On conçoit donc qu'une description d'ensemble ne
puisse rigoureusement être faite ; aussi n'insiste-
rons-nous pas davantage. Quoi qu'il en soit, l'albuminurie de cause intestinale peut être considérée en
elle-même comme n'ayant pas de gravité. Grâce à
l'antisepsie systématique de l'intestin, du foie et de
la vessie, en ayant soin, d'autre part, d'immobiliser
le rein lorsqu'il est mobile, et avec un régime très
simple, il est très rare que l'on n'arrive pas rapidement à débarrasser le malade.

Et maintenant, si nous jetons un coup d'œil
général sur ces différents types d'albuminurie relevant de ces états pathologiques divers des voies
digestives et si nous recherchons le lien commun qui
les unit, l'examen attentif de nos observations nous
conduit à cette conclusion rigoureuse : la nécessité
d'un terrain spécial, propre à l'individu, sans lequel
le trouble digestif sera impuissant à provoquer le
syndrome urinaire. Tous les malades susceptibles de
faire de l'albuminurie dans le cours des affections de
l'estomac, de l'intestin ou du foie sont des surmenés
neurasthéniques ou des héréditaires : arthritiques,
hépatiques, tuberculeux ou brightiques. A cet
égard, je viens d'avoir sous les yeux une observation des plus suggestives : Une jeune femme m'est
amenée récemment avec une dilatation marquée de
l'estomac, de l'amaigrissement prononcé, un sommet
suspect et de l'albumine dans l'urine (séroglobuline) ;
elle a 30 ans, elle est mère de 3 enfants, sa santé ne
l'a jamais arrêtée ; la scarlatine, contractée dans l'enfance, n'a pas été suivie d'albuminurie, le fait est
nettement indiqué. Or le père de cette jeune femme
est goutteux et a présenté, il y a deux ans, une poussée
sourde de néphrite goutteuse, et sa grand'mère est
précisément la malade à laquelle nous avons fait
allusion au début de ce livre, et qui, pendant 30 ans, a

présenté de l'albuminurie massive. Donc toute albuminurie digestive peut être considérée comme révélant une tare constitutionnelle, et le pronostic à faire doit bien plutôt viser celui de la diathèse préexistante que celui de l'albuminurie elle-même, celle-ci étant destinée à disparaître le plus souvent. D'où la nécessité de faire d'abord le diagnostic de la forme de cette albuminurie, autrement dit de sa cause provocatrice, certains sujets devant évoluer vers le diabète, d'autres vers la tuberculose, d'autres exceptionnellement vers la néphrite, un grand nombre enfin, lorsque le désordre a été passager, devant complètement guérir.

Ce sont les dilatés, à hérédité suspecte, quand l'albuminurie ne revêt pas les caractères d'un phénomène accidentel, mais se prolonge ou se répète à intervalles plus ou moins éloignés pendant des mois ou des années, surtout s'il ont une pression artérielle basse, qui sont le plus menacés. Je ne suis pas actuellement en mesure de fournir des chiffres précis et de fixer le pourcentage des dilatés albuminuriques appelés à se tuberculiser. J'espère pouvoir plus tard combler cette lacune.

L'examen méthodique et répété de la pression artérielle peut nous rendre de grands services; lorsqu'elle est nettement subnormale, et cela d'une façon persistante, *même en dehors des périodes d'albuminurie*, il faut redouter l'évolution vers la tuberculose puisque nous avons vu que chez les albuminuriques intermittents cycliques et, à plus forte raison, chez les *albuminuriques en apparence bien portants*, la pression s'abaisse seulement dans la période d'albuminurie. Une pression régulièrement normale est un signe favorable : quand elle s'élève d'une façon constante et progressive, il faut redouter l'évolution vers le diabète ou vers le rein goutteux, surtout s'il vient s'y joindre des phénomènes d'hyperexcitabilité cardiaque, des sinuosités de la temporale ou d'autres symptômes prémonitoires de l'évolution brightique.

Enfin, il va sans dire qu'avant de poser d'une

façon définitive le diagnostic d'albuminurie digestive on envisagera toujours l'hypothèse d'un *mal de Bright à détermination gastrique ou intestinale.* Souvent les réactions de l'albumine rendue, l'absence de cylindres urinaires, de bruit de galop, d'hypertension artérielle, de phénomènes d'auto-intoxication lèveront les doutes ; mais, dans les cas suspects, il y aura lieu de compléter le diagnostic par la recherche du taux de la toxicité urinaire et par l'épreuve du bleu de méthylène ou de l'iodure de potassium (Bard) qui affirmeront ou infirmeront la perméabilité du rein.

Nous ne pouvons insister longuement sur le traitement applicable à ces différents cas. On comprend aisément qu'il variera avec la cause même à laquelle l'albuminurie est imputable et qu'il devra s'adresser d'abord à cette cause provocatrice ; mais, que ce soit l'estomac, le foie ou l'intestin qui doivent être primitivement incriminés, l'antisepsie intestinale s'impose comme le traitement de rigueur à instituer régulièrement. Le régime joue ensuite le rôle essentiel dans la poursuite de l'albuminurie, et quand nous parlons de régime, nous voulons viser bien plus celui qui répond aux exigences de l'affection hépatique intestinale, ou gastrique préexistante que celui qui s'applique au symptôme albuminurie lui-même ; le laitage entrera, cela va sans dire, dans la constitution générale de ce régime en tant qu'aliment peu toxique et cadrant bien avec les exigences de l'état gastro-intestinal ; mais nous ne saurions trop nous élever contre l'usage exclusif et abusif que l'on a fait du régime lacté absolu dans les cas de ce genre, et, à cet égard, nous pensons pouvoir maintenir, sans y rien changer, ce que nous écrivions il y a quelques années, sur l'emploi du fait dans le régime de l'albuminurie digestive : « Ce qui importe avant tout, c'est de proscrire absolument toute matière capable d'augmenter les substances toxiques contenues dans la cavité stomacale, tout en réduisant l'usage du lait à des proportions minima ; car ici le lait ne rend aucun service, *souvent même il est nuisible* ; il n'est même pas exceptionnel de voir des neurasthéniques très dilatés qui, soumis à l'usage du lait exclusivement, ont présenté de l'albumine d'une façon plus accentuée, du fait d'un pareil régime. Car le lait, pris en proportion trop grande, séjourne dans ces estomacs distendus plus longtemps qu'il ne faut d'ordinaire ; la dilatation s'accuse et l'albuminurie, qu'on avait la prétention de combattre, persiste ou s'aggrave ; de plus, en emprisonnant l'acide chlorhydrique dans la caséine précipitée, il accentue la prédisposition à l'hypoacidité gastrique si fréquente chez les dilatés. »

L'albuminurie hépatogène, surtout quand [elle relève d'un état congestif du foie avec tendance à l'irritation interstitielle, impliquera quelques indications spéciales qu'il est bon de signaler et, en particulier l'usage des mercuriaux (pilules bleues, ou calomel à doses fractionnées et soutenues, suivant la méthode de Bouchard) et'concurremment des alcalins. Chez les sujets vigoureux à foie congestionné, et passagèrement aussi glycosuriques, le traitement à Vichy et l'usage de la Grande-Grille feront souvent merveille, comme dans l'observation fort curieuse que nous avons résumée dans une leçon clinique. Mais les malades excitables, affaiblis, dont la résistance cardiaque est suspecte, ne devront pas être envoyés à Vichy ; ils bénéficieront par contre d'un traitement par les eaux alcalines-bicarbonatées calciques et ferrugineuses ; la cure à Pougues nous a, dans ces cas bien spéciaux, plusieurs fois rendu service,

V. — ALBUMINURIES NÉVRO-MOTRICES
L'ALBUMINURIE LIÉE A L'ÉPILEPSIE ET A LA STATION DEBOUT OU ALBUMINURIE ORTHOSTATIQUE

1. — ALBUMINURIE D'ORIGINE NERVEUSE. — Elle mérite assurément une place à part dans l'histoire des albuminuries non brightiques. Bien qu'observées depuis

longtemps déjà, puisque Carraud, dès 1813, essayait
de démontrer l'influence d'une émotion vive sur le
développement d'une néphrite ; bien que signalée
ensuite par Sandras, Rabenau, Kussmaul, Perroud,
Gubler, Hammon, Ollivier, Fischer de Prague, avec
son observation célèbre du conducteur d'omnibus
devenu rapidement albuminurique à la suite d'une
commotion cérébrale, il faut venir jusqu'en 1877,
époque où mon père publia son importante communication au Congrès du Havre, pour trouver un travail d'ensemble sur la question. Mais, dès ce moment,
la doctrine est nettement formulée ; B. Teissier
montre que l'albuminurie d'origine nerveuse est
moins rare qu'on ne le suppose ; il établit que parmi les
causes de l'albuminurie, on oublie trop souvent l'influence du système encéphalique et du grand sympathique, et il développe très nettement cette idée que les
phénomènes nerveux qui existent au début de certaines néphrites peuvent paraître longtemps avant
l'albuminurie et en être la cause et non l'effet. C'est
en nous inspirant de ces idées que nous avons pour-
suivi l'étude de l'albuminurie d'origine nerveuse et
inspiré le travail inaugural du Dʳ Michel (1884), qui
donne une idée très complète du sujet. D'ailleurs
cette doctrine de l'albuminurie névro-motrice repose
sur de solides assises : l'expérimentation et la clinique tout à la fois. Et en effet, depuis l'époque où
Claude Bernard provoqua, pour la première fois, l'albuminurie par la piqûre du plancher du quatrième
ventricule, les nombreuses expériences de Vulpian, de
Schiff, de Bert et Ranvier, de Witich, portant sur
le système central ou du grand splanchnique, celles
de Bouchard et Capitan s'exerçant surtout sur
les nerfs cutanés ou sensoriels, etc. (imposant
faisceau de recherches toutes positives !), semblent
avoir établi d'une façon indiscutable l'existence
même du phénomène. Michel, avec le concours du
professeur Arloing, a repris et répété toutes ces
expériences. Comme l'avaient noté déjà Vulpian et
Ranvier, l'excitation des filets nerveux entourant

les vaisseaux du rein est inefficace. Par contre, la section des racines antérieures et l'excitation des racines postérieures ont une influence marquée et constante sur la provocation de l'albuminurie, laquelle atteint son maximum avec l'excitation du bout périphérique du sympathique ou du pneumogastrique gauche. Enfin, et c'est là le côté le plus personnel de ces recherches, les effets ainsi produits sont *toujours bilatéraux*, l'excitation d'un seul tronc nerveux provoquant régulièrement de l'albuminurie dans les deux reins et entraînant simultanément un abaissement notable de la pression artérielle, notion des plus importantes pour l'interprétation pathogénique de l'albuminurie nerveuse.

Les données de la clinique ne sont pas moins précieuses, et la liste serait longue des observations probantes que nous pourrions apporter à l'appui de notre démonstration ; depuis l'histoire de ce jeune lycéen dont les urines, quotidiennement examinées par moi et trouvées constamment normales, même pendant l'évolution et la suite d'une diphtérie et d'une scarlatine à rechute des plus graves, et qui devint brusquement albuminurique cinq ans après, en apprenant l'échec subi à son baccalauréat qu'il avait passé à l'insu de sa famille, et dont l'observation complète figure dans la thèse de Michel, jusqu'aux nombreux faits d'albuminurie transitoire accompagnant les maladies du cerveau ou de la moelle avec ou sans phénomènes vésicaux, en passant par toute l'échelle des névroses et plus particulièrement la neurasthénie, le basedowisme, la tachycardie paroxystique, le delirium tremens et l'épilepsie.

Il nous est impossible d'entrer ici dans les détails. Encore moins, avons-nous la prétention de tracer un tableau d'ensemble de ce genre d'albuminurie dont l'histoire clinique disparaît et se fond dans le complexus symptomatique général de la maladie nerveuse primitive, et qui, envisagé isolément, n'aurait assurément qu'un médiocre intérêt ; ce qui importe avant tout, c'est de ne point en ignorer l'existence, afin de ne point s'exposer à des erreurs de pronostic particulièrement préjudiciables aux malades. Ce que nous devons indiquer surtout, c'est le peu d'influence qu'exerce, en général, cette albuminurie sur l'état constitutionnel. De nombreuses recherches hématimétriques, faites autrefois à l'hôpital du Perron, nous ont appris que la globulie était peu modifiée, l'hémoglobine avait le plus souvent son taux normal de 14 $^0/_0$, et la pression artérielle concomitante *moyenne* n'était pas sensiblement impressionnée. Ce qui nous a paru ressortir encore de nos observations longtemps répétées, c'est que l'appariton de l'albuminurie dans les maladies du système nerveux était directement influençable par les agents cosmiques ou physiques ; les changements brusques de température, la *chute* de la neige surtout, multipliaient sensiblement, chez *nos incurables*, ataxiques, hémiplégiques, médullaires, etc., les cas d'albuminurie transitoire ; chez d'autres, c'était l'application prolongée de l'électricité ou la production de contractures douloureuses, qui provoquait l'apparition du syndrome.

2. — ALBUMINURIE DES ÉPILEPTIQUES. — Elle mérite de nous retenir plus spécialement, tant à cause de sa fréquence que des considérations d'ordre particulièrement pratique qu'elle suscite. Je me suis attaché, il y a longtemps déjà, à montrer qu'à la suite de la grande crise comitiale, l'albuminurie était la règle : plus récemment, MM. Lannois et Mayet ont confirmé ce résultat qni avait déjà reçu la consécration de l'expérimentation, Fiori ayant montré qu'en rendant des cobayes épileptiques par la percussion du crâne, on les faisait simultanément albuminuriques. Nous n'avons pas à rechercher ici le mécanisme même de cette albuminurie ; ce qu'il nous importe de savoir, c'est que, chez un homme d'un certain âge, le mal caduc peut donner le change avec la crise d'urémie à type épileptiforme. Je me suis plusieurs fois déjà trouvé le témoin de faits de ce genre : un surtout mérite d'être rapporté.

Un grand industriel de notre région, ayant la responsabilité d'énormes affaires commerciales, voit brusquement, à la suite des bouleversements financiers de 1882, sa situation compromise et avec elle de nombreux intérêts qui lui avaient été confiés : rentré un soir à Paris, très ému des mauvaises nouvelles qu'il venait de recevoir, il tombe brusquement à l'hôtel, frappé de crise éclamptique avec perte de connaissance. Il avait 63 ans, paraissait pâle, avait le pouls ralenti et solennel ; les urines rendues après la crise, immédiatement examinées, contiennent de l'albumine. Il n'y a pas de doute à avoir, c'est un brightique scléreux immédiatement menacé, d'autant que, jamais auparavant, le malade n'avait eu de crise analogue. Il est saigné, mis au régime lacté, et le pronostic le plus sombre, on le comprend facilement, est formulé discrètement à la famille. Quatre jours après pourtant, le malade peut être ramené à Lyon. Je suis appelé alors à le voir avec deux de mes maîtres : notre surprise fut grande de ne constater chez lui ni hypertrophie du cœur, ni galop, ni œdème et surtout de ne plus trouver trace d'albumine dans l'urine : un doute bien naturel s'éleva dans notre esprit au sujet de la nature même des accidents passés, et, tout en nous tenant sur la réserve, on administra le bromure d'une façon systématique. Trois mois après et sans que, dans cette période intercalaire, l'albumine ait reparu, une nouvelle crise comitiale et nocturne survint avec des caractères absolument typiques, et, comme la première fois, fut accompagnée d'émission d'urine très albumineuse ; comme la première fois aussi, cette albuminurie ne fut que transitoire et tout rentra rapidement dans l'ordre. Il n'y avait plus de doute à avoir, nous nous trouvions en présence d'un de ces cas d'épilepsie tardive non point rare chez les vieillards et souvent heureusement modifiée par la médication bromurée ; l'avenir d'ailleurs justifia ces prévisions : le malade mourut, il y a deux ans seulement, de pneumonie et sans que des signes de néphrite se soient jamais manifestés depuis. On n'en conçoit pas moins combien le diagnostic peut être délicat, et combien, dans certains cas, il doit être difficile d'éviter l'erreur. Qu'on suppose, par exemple, un épileptique plus jeune, atteint autrefois de scarlatine et affecté à ce moment même de néphrite aiguë ; l'albumine a disparu ; mais, quelques mois plus tard, se produit une grande crise avec tous les caractères de l'urémie éclamptique et l'on trouve de l'albumine dans l'urine. Si alors un médecin incomplètement renseigné par la famille est appelé à voir l'enfant pour la première fois, il y a bien des chances qu'il se prononce en faveur de la crise d'urémie et de la néphrite. Nous ne saurions donc trop insister, dans ces cas douteux, sur la nécessité d'une analyse minutieuse de tous les symptômes : état de la circulation (pression artérielle et galop), caractères des urines (examen histologique des dépôts), enfin mensuration de l'*indice céphalique* qui, ainsi que nous nous appliquons à le montrer depuis 20 ans, doit toujours, lorsqu'il dépasse 83, faire songer à la possibilité du mal caduc. Ces considérations nous ont souvent rendu les plus grands services, et nous avons pensé qu'il était bon de les mettre en relief puisqu'elles permettent d'apprécier à leur juste valeur des symptômes en apparence très alarmants.

3.— ALBUMINURIE DE LA STATION DEBOUT OU ORTHOSTATIQUE. — (De ὀρθοστάτεῖν, se tenir debout.) Elle constitue un groupe bien à part et bien défini au milieu des nombreuses variétés d'albuminuries névro-motrices ; on comprendra que nous lui consacrions quelques développements en raison de la précision du syndrome clinique, de ses allures, de son évolution, de sa signification toute personnelle.

On sait que l'exercice, surtout s'il va jusqu'à la fatigue, augmente toujours l'albumine rendue chez le brightique : c'est la raison principale pour laquelle l'albuminurie est maxima, le plus souvent, dans le milieu et à la fin de la journée. L'exercice agit, en définitive, comme le travail digestif, et ces deux facteurs s'associent l'un à l'autre en général pour accentuer l'altération urinaire. Mais, de même que nous n'avons décrit, comme faits d'albuminurie digestive, que les cas seulement où l'alimentation semblait agir comme l'agent provocateur exclusif, nous entendons ne viser ici que les faits d'albuminurie relevant *directement de la station debout* et à l'exclusion absolue de toute autre cause déterminante : les cas, en définitive, que les Anglais paraissent avoir eus plus spécialement en vue ces derniers temps et qu'ils ont décrit sous le nom de « postural albuminuria ».

Si les faits dans lesquels la station debout et l'exercice jouent le rôle de facteur de recrudescence pour l'albuminurie préexistante sont légion, les cas d'albuminurie orthostatique pure sont relativement rares ; je n'ai encore, pour mon compte, recuelli que 8 cas, assez nets, ce qui est peu assurément, mais il est évident que, mieux prévenu dorénavant et les cherchant avec plus de soin, on en trouvera de plus nombreux exemples. Jusqu'à présent la littérature médicale est assez pauvre sur ce point, car en dehors des deux premiers mémoires de Stirling 1887-89, de la récente publication d'Oswald, des premières indications de Lecorché et Talamon, nous ne comptons guère que quelques observations isolées de Klemperer, de Merklen, de Marie, de Pribram dont la plupart d'ailleurs figurent daus la thèse de Bertrand (1896); et encore, parmi les observations citées, beaucoup peuvent être considérées comme des cas d'albuminurie mixte ou relevant d'une autre cause pathogénique, car les investigations urologiques sont souvent incomplètes ou d'une interprétation discutable, puisque certaines d'entre elles signalent soit la disparition de l'albumine vers 5 heures du soir (ce qui est incompatible avec l'idée d'une albuminurie orthostatique pure), soit la réapparition de l'albumine après le repas du soir, ce qui cadre plutôt avec l'idée d'une albuminurie d'ordre digestif.

L'*albuminurie orthostatique vraie* est pour nous celle que n'influencent ni le régime, ni la fatigue, ni

cice, ni les émotions vives, ni la fatigue cérébrale et
pour la production de laquelle *le passage de la station
horizontale à la verticalité est la seule condition
nécessaire et indispensable*, à tel point qu'il suffit,
même en plein exercice, en plein travail digestif, de
se remettre au lit pour qu'en l'espace de 40 à 50 minutes au maximum, l'albuminurie ait disparu absolument, pour reparaître d'ailleurs au premier changement d'attitude. Le régime lacté est impuissant à
modifier cette albuminurie : il suffit de lire les
consciencieuses recherches et expériences de Bertrand
pour se convaincre de son inanité ; je connais moi-
même une jeune malade qui, restée 4 mois au lit et
au lait d'une façon presque exclusive, sans avoir
présenté d'albumine, a vu, malgré le régime pré-
ventif auquel elle a été rigoureusement soumise,
l'albuminurie reparaître dès son premier lever.

Les cas aussi nets, je le répète, sont peu communs ;
toutefois il en existe, et il suffit de se reporter à la
leçon récente que j'ai publiée sur ce sujet, pour
s'en convaincre. Les cas mixtes sont beaucoup plus
nombreux et, sous le nom de cas mixtes, nous ne
comprenons pas les faits d'albuminurie brihgtique
exagérée par la station debout, mais simplement les
faits précis où un ou deux facteurs nouveaux doiven
se combiner à l'action de la station debout pour produire l'albuminurie, alors qu'agissant isolément, ils
seraient incapables de provoquer ce résultat. Telle,
par exemple, l'histoire d'un publiciste distingué de
nos amis appelé à prendre souvent la parole en public et qui, ayant eu autrefois des accès d'asthme
alternant avec de l'albuminurie passagère mais guérie depuis longtemps, pouvait marcher, se fatiguer,
même se livrer à un travail intellectuel soutenu sans
uriner de l'albumine, et qui ne pouvait faire une
conférence nécessitant un gros effort d'attention et
parler debout sans uriner nettement de l'albumine
qui disparaissait régulièrement une heure après.

L'albuminurie de la station debout est une albuminurie des sujets jeunes ou des adolescents. Chez

les hommes mûrs, comme dans l'observation d'Hu-
tinel-Marie-Bertrand, elle est exceptionnelle ; je
n'en ai, pour mon compte, rencontré qu'un seul cas
chez un homme de 30 à 40 ans. Il se peut que les
sujets soient indemnes de toute tare héréditaire ou
personnelle, mais le plus souvent il s'agit de prédisposés, soit que les enfants aient eu préalable-
ment une scarlatine antérieure avec ou sans néphrite infectieuse concomitante (dans plusieurs faits
où il est expressément noté que l'enfant n'a présenté
aucune trace d'albumine dans le cours de sa scarlatine, celui-ci la voit apparaître à son premier lever et
revenir dorénavant ensuite chaque fois qu'il se met
debout), soit qu'ils comptent dans leurs ascendants
des brightiques vrais, ou des albuminuriques cycliques. Une de mes petites malades avait un frère
mort tuberculeux, une sœur affectée d'albuminurie
digestive, et son père avait succombé, à 45 ans, à la
suite d'une néphrite très vraisemblablement palustre.
Mais, fait de haute importance, tous semblent compter
dans leurs antécédents une *hérédité nerveuse extrêmement chargée.*

L'urine, rendue en pareille circonstance, est plus
louche que l'urine émise en dehors des périodes d'albuminurie ; elle est dense et laisse déposer rapidement un gros nuage de mucus qui flotte ou se con-
dense au fond du verre ; elle est neutre ou alcaline, très riche en phosphate ammoniaco-magnésien,
chargée d'oxalates (Noorden l'a aussi constaté), tous
signes qui correspondent à l'existence du catarrhe
vésical ou des voies urinaires supérieures qui ne
manque jamais en l'espèce, de même que la présence de la nucléo-albumine que l'on peut toujours
déceler en même temps. Mais l'albumine de choix
est toujours de la sérine, ce qui prouve bien l'origine rénale du processus. Il est rare qu'elle dépasse
0 gr. 5 et qu'elle s'accompagne de cylindres hyalins
ou même granuleux, quoi qu'en dise Oswald ; pour
notre compte, nous n'en avons pas encore rencontré.

L'évolotion de ce genre d'albuminurie est, en quel-

que sorte, soumise à notre volonté, puisqu'il suffit de
faire rester le malade au repos dans la position horizontale pour la supprimer. Mais combien de temps
la faculté de la provoquer de nouveau par la station
debout persiste-t-elle ? Sur ce point il nous est impossible d'être précis. Plusieurs de nos malades sont
aujourd'hui débarrassés après 15 ou 18 mois d'attente ; mais, chez d'autres, l'indisposition persiste
et les statistiques ne sont pas assez étendues pour
permettre d'assigner un terme formel à la maladie
dont nous pouvons cependant à un point de vue général affirmer la bénignité relative et la curabilité.

Et maintenant quelle origine attribuer à cette modalité singulière de l'albuminurie transitoire? Assurément il ne saurait s'agir de néphrite, puisque
rien, dans l'appareil symptomatique correspondant,
ne saurait justifier cette hypothèse. Faut-il la considérer comme le résultat d'une perméabilité particulière et innée de l'épithélium glomérulaire ?
Mais comment accepter une pareille interprétation,
la perméabilité épithéliale ne pouvant guère, semble-
t-il, varier d'un instant à l'autre et apparaître brusquement sous l'influence d'un changement d'attitude? Faut-il faire intervenir l'action de la pesanteur
seule ou combinée avec l'exercice, comme semble
l'admettre Bertrand qui estime que le ralentissement
de la circulation rénale, nécessaire pour entraîner
la filtration de l'albumine, exige concurremment l'ap-
pel d'une quantité de sang importante, ainsi que
le veut Ranke, dans les muscles en état de suractivité. Et de fait, Bertrand apporte à son idée une
apparence de démonstration en faradisant son malade au lit, c'est-à-dire dans une période d'analbuminurie, et en faisant apparaître l'albumine sous l'influence de cette excitation électrique.

Je suis disposé, quant à moi, à considérer l'albuminurie orthostatique comme un phénomène fluxionnaire rénal, d'origine nervo-motrice et accompagné
de catarrhe des voies urinaires supérieures : quelque
chose d'analogue à la maladie de Raynaud, à l'as-

phyxie locale des extrémités. Et je me base sur le fait de la présence simultanée chez de pareils malades *de l'élément fluxionnaire et de l'élément catarrhal* : élément fluxionnaire démontré par le passage à la permanence de l'albuminurie transitoire chez la femme sous l'influence du molimen menstruel, élément catarrhal, révélé par les caractères spéciaux de l'urine, trahissant l'irritation de la muqueuse vésicale ou urétrale et la présence de nucléo-albumine ; élément nervo-moteur enfin prouvé par les phénomènes vaso-moteurs sympathiques et sécrétoires qui accompagnent chez bien des sujets l'apparition de l'albumine (voir à ce sujet la très curieuse observation de Marie) et qui ne sauraient surprendre, étant donné la prédisposition névropathique qui figure nettement soulignée dans toutes les observations jusqu'ici produites.

En ce faisant, nous réalisons comme la synthèse des opinions précédemment formulées, celles de Merklen surtout avec son hypothèse de la congestion rénale, et celle de Marie avec sa théorie de la névrose sympathique. Cette opinion, enfin, justifie à la fois la présence de ce type d'albuminurie dans la série des albuminuries curables, et son classement dans le groupe des albuminuries nerveuses. D'ailleurs les résultats de l'intervention thérapeutique apportent une confirmation de plus à cette doctrine pathogénique, puisque ce sont les médicaments nervins, les antispasmodiques et les vaso-constricteurs qui semblent rendre, dans l'espèce, le plus de services. C'est, en effet, au bromure, à l'antipyrine et à la quinine que nous avons eu recours de préférence et souvent avec succès.

Il va de soi qu'il y aura lieu d'observer un régime sévère ; mais il faudra éviter la diète lactée exclusive, car, outre qu'elle écœure souvent les enfants, elle tend à favoriser la dilatation de l'estomac dont le développement serait une condition très défavorable à la disparition de l'albumine. L'alimentation doit être reconstituante, tout en évitant les mets irritants ou toxiques. A côté de la diététique alimentaire, on devra recommander une hygiène sévère, exiger le repos dans la période digestive et le décubitus sur la chaise longue l'après-midi ; avec cela, il faudra prescrire la vie et l'éducation au grand air, recommander pendant l'été le séjour à la montagne, à des eaux salines ou arsénicales reconstituantes ; l'hydrothérapie chaude est souvent utile aussi. Il faudra enfin restreindre le travail cérébral dans les plus larges mesures possibles, puisque, comme l'a montré Abelmann et comme nous l'avons constaté nous-même, il devient parfois un facteur important de la sécrétion albumineuse.

VI. — PRONOSTIC GÉNÉRAL DES ALBUMINURIES INTERMITTENTES OU FONCTIONNELLES

SES RAPPORTS AVEC L'ASSURANCE SUR LA VIE

Les développements dans lesquels nous venons d'entrer prouvent surabondamment, ce me semble, la curabilité, *non seulement possible mais habituelle*, des albuminuries susmentionnées, dont la bénignité, à un point de vue absolu, ne saurait plus être discutée. Nous n'y reviendrons pas ; mais, à ce propos, il est une question qui ne saurait aujourd'hui être passée sous silence, et qui est, on peut le dire, toute d'actualité : c'est de fixer dans quelles proportions, dans quelles mesures peuvent être admis à l'assurance sur la vie les sujets qui se trouvent dans les conditions que nous venons d'énumérer. Ce côté du problème, déjà posé et superficiellement abordé par nous au Congrès de médecine interne de Nancy, vient de l'être officiellement au Congrès des médecins des compagnies d'assurances, réunis pour la première fois, à Bruxelles en 1899 ; et cela, par l'organe de leur très distingué rapporteur le docteur R. Wijbauw.

Nous avions espéré que les travaux si nombreux publiés depuis 1884, c'est-à-dire depuis les premières recherches de Pavy, et la publication de nos observations personnelles auraient ouvert les yeux, et que les grandes compagnies d'assurances seraient revenues sur la rigueur de leurs anciens règlements prononçant l'exclusion formelle et systématique de tous les individus dont les urines auraient été trouvées une seule fois albumineuses. Un pareil veto, formulé avec cette netteté toute brutale, nous paraît tout à la fois illogique, injuste et inhumain. *Illogique*, car il est beaucoup plus irrationnel d'admettre à l'assurance sur la vie un pleurétique guéri ou un syphilitique *en apparence* guéri qu'un albuminurique intermittent, se présentant avec tous les attributs extérieurs de la santé, puisque ces deux premiers ont certainement plus de chance de devenir l'un tuberculeux et l'autre ataxique, que le troisième d'évoluer vers la néphrite. Ce veto est encore *injuste*, car il peut léser sans raison suffisante les intérêts les plus respectables. Il est *inhumain*, parce qu'il jette dans l'esprit des sujets dont l'albuminurie est essentiellement bénigne et curable un trouble regrettable et qui peut avoir des conséquences réelles sur l'évolution intérieure de leur santé, en en faisant des condamnés d'avance.

J'ai fourni, il y a 4 ans, au Congrès de Nancy, une statistique des plus probantes, puisqu'elle porte sur une série de sujets suivis depuis près de 20 ans, et chez lesquels, sauf chez un malade qui a été perdu de vue, mais que nous savons encore vivant, la guérison complète a été réalisée : les jeunes filles se sont mariées, elles sont devenues mères, deux d'entre elles seulement ont vu passagèrement reparaître l'albuminurie pendant leur grossesse. Aucune n'a eu d'attaque d'éclampsie. Une autre, après 15 ans, vient cette année de reprendre, pendant quelques jours, de l'albumine sous l'influence d'extrêmes fatigues et de chagrins répétés ; mais ce que j'affirme, c'est que tous ces sujets, dont on peut lire d'ailleurs l'observation complète dans la thèse de Merley, ont une santé très satisfaisante, et certainement équivalente à celle de la majorité des individus considérés comme bien portants. Les compagnies auraient-elles la prétention de n'admettre à l'assurance que les candidats ne présentant aucune tare pathologique héréditaire ? et alors que devient leur raison d'être.

Eh bien, malgré des faits péremptoires, la grande majorité des représentants des compagnies françaises ou étrangères tend, à quelques rares exceptions près, à se prononcer contre l'admission ; c'est tout au plus s'ils font quelques réserves au sujet des albuminuriques intermittents qui ne présentent plus d'albumine au bout de quelques mois, et encore (ce sont les plus téméraires qui proposent cette solution), en leur imposant une surprime. Il n'en est pas moins vrai que, malgré cet adoucissement à la rigueur des anciens règlements, l'ostracisme persiste et il s'appuie sur deux espèces d'arguments ; 1°) certaines observations d'albuminurie intermittente se sont terminées, au bout de longues années, par le mal de Bright ; d'où la conclusion que toute albuminurie transitoire doit évoluer vers la néphrite : 2°) les statistiques américaines ou anglaises jusqu'ici publiées, semblent prouver que la survie des jeunes sujets affectés d'albuminurie intermittente est moindre que celle des sujets du même âge non affectés d'albuminurie : 17 0/00 au lieu de 9 0/00 de mortalité, d'après Wasburn.

Ces arguments ne me paraissent rien moins que convaincants. De ce que quelques cas de bronchite, simple en apparence, évoluent vers la tuberculose, est-on autorisé à conclure que toutes les bronchites vulgaires aboutissent à la phtisie pulmonaire ? D'autre part, je n'ai aucune raison de suspecter la bonne foi ni le sens critique des agents représentant les compagnies ? Mais ce qui m'est permis d'admettre, c'est qu'on attribue à ces statistiques une signification qu'elles n'ont pas, faute de porter sur des faits nettement catégorisés et parce qu'elles englobent, sous une rubrique unique, des cas absolument disparates, de valeur clinique toute différente, de pronostic varié et qui, par conséquent, en faussent nécessairement les résultats. Cependant, comme il faut bien s'incliner devant les faits et reconnaître qu'il existe des albuminuries curables, on nous concède qu'après un an et demi, si l'albumine a disparu, le sujet pourra être assuré tandis que, si elle persiste après cinq ans, il devra être nécessairement éliminé.

Mais n'aperçoit-on pas tout ce que cette pratique aurait d'aléatoire et même de dangereux puisqu'il suffit que, le jour où le candidat se présentera à l'assurance, il n'ait pas d'albumine pour être admis, alors que, le lendemain, l'admission une fois prononcée, l'albumine peut reparaître, parfois même avec un caractère plus sévère que chez un autre sujet affecté d'albuminurie cyclique permanente résiduale, dernier vestige d'une néphrite infectieuse guérie et qui, tout en étant, lui, aura été éliminé ; le premier, tout en ayant vu son albuminurie disparaître, accepté par la compagnie, sera un malade qui marche peut-être vers la tuberculose, tandis que le dernier, qui aura été refusé, est un ancien malade guéri auquel une plus longue survie est assurée. Admettre de pareilles conclusions, c'est faire le hasard seul juge des décisions à prendre. Nous maintenons donc d'une façon ferme l'opinion formulée au congrès de Nancy et que l'expérience de ces dernières années n'a fait que confirmer : bon nombre d'albuminuries intermittentes, cycliques, transitoires ou durables, ne doivent pas être considérées comme une raison suffisante pour l'exclusion à l'assurance sur la vie.

Qu'on appelle ces albuminuries, physiologiques, fonctionnelles, *à minima*, qu'on les attribue à des néphrites partielles ou légères, peu importe ; le nom, pas plus que la conception pathogénique, ne fait rien à l'affaire ; ce qu'il faut savoir avant tout, c'est que la majorité de ces albuminuries guérissent, c'est de reconnaître celles qui guérissent et leur proportion de curabilité, suivant la forme qu'elles affectent ; le tout, en définitive, est de faire un bon diagnostic, de

déterminer nettement la cause prochaine et la nature
de l'albuminurie incriminée et de faire le pronostic
de la forme correspondante. Or, parmi les formes
cliniques qui font l'objet de ce petit livre, il existe
une gamme de bénignité décroissante qu'il importe
au clinicien de connaître : en haut de l'échelle, l'albuminurie essentiellement passagère, dite des gens
bien portants, malgré les réserves que nous avons
cru devoir formuler à leur égard, puis l'albuminurie
cyclique des enfants de souche arthritique ; en troisième ligne, les albuminuries névropathiques, et
enfin, mais bien plus loin, l'albuminurie digestive
qui, lorsqu'elle se prolonge d'une façon régulière,
peut être l'avant-coureur de troubles généraux plus
sérieux et faire songer à la tuberculose : c'est cette
dernière forme qui devra être plus spécialement
surveillée. Mais, et c'est là la conclusion à laquelle
nous voulons surtout aboutir, l'*albuminurie intermittente*, pour être appréciée à sa juste valeur, *ne doit
jamais être considérée isolément* ; les antécédents du
sujet doivent être soigneusement fouillés, l'examen
de ses organes fait avec un soin scrupuleux, car
c'est avec une exploration méthodique du cœur, de
la pression artérielle, des dépôts urinaires, de la
perméabilité rénale, du sang lui-même, qu'on arri-
vera à se faire une idée exacte de la santé et de
l'avenir du candidat examiné, lequel, et cela de
toute justice, devra être soumis à une sorte de stage
et de visites répétées qui, seules, permettront au
médecin expert de porter un jugement équitable.
Comme mesure transitoire et comme solution d'attente susceptible à l'heure actuelle de trancher le
différend, nous proposerions l'établissement de
primes d'importances variées, et qu'on applique-
rait aux cas douteux, et cela d'une façon systématique, comme le pratiquent à l'heure actuelle les
compagnies d'assurances contre les accidents, qui
imposent des tarifs progressivement croissants et
proportionnels aux risques auxquels les différentes
professions nous exposent.

VII. — ALBUMINURIES RÉNALES

Bien que, dès le principe, le titre d'*albuminuries curables* qui figure en tête de ce volume nous ait semblé devoir s'appliquer seulement aux *albuminuries purement fonctionnelles*, nous croirions être par trop incomplet si nous éliminions d'une façon absolue, de notre cadre, les *albuminuries rénales proprement dites*, dont quelques variétés sont assurément susceptibles d'évoluer vers la guérison. C'est ce qui justifie l'existence de ces derniers chapitres : c'est ce qui explique aussi leur brièveté relative : dès l'abord, ce petit livre ne devait être consacré qu'aux albuminuries dégagées de toute lésion rénale ; seul le titre, sous lequel nous avons pensé les englober dans leur ensemble, nous a entraîné à en étendre les limites.

1. — NÉPHRITES AIGUES

Nous n'entendons viser ici que la néphrite infectieuse nettement caractérisée : pensant devoir écarter de cette étude l'*albuminurie fébrile simple* dont l'existence, affirmée depuis longtemps déjà par Jaccoud, Gubler, Ponfick, Gérardt, acceptée par Ch. Bouchard, paraît subordonnée à une série de facteurs contingents et variables dont l'importance ne saurait être discutée ici. Attribuée par les uns aux modifications de la pression sanguine, par les autres à l'intensité même de la fièvre (Capitan, Röhmer) ou à des altérations humorales rendant l'albumine du sang *plus dialysable* (Senator, Litten), mais très certainement aussi actionnée par l'irritation des épithéliums tubulaires sous l'influence des déchets cellulaires ou des éléments infectieux à éliminer (quelque pasagères d'ailleurs que puisse être cette élimination), *elle est en tout cas essentiellement et spontanément curable.* Il semble bien, en effet, prouvé aujourd'hui que les pyrexies susceptibles de provoquer le plus facilement cette *albuminurie fébrile* sont loin d'être celles qui donnent plus communément naissance à la

néphrite vraie, et encore moins celles où l'albuminurie survenue dans le cours de l'infection tende
à passer à la chronicité ; à cet égard, la dothiénentérie et la variole peuvent être citées comme exemple.
Enfin, comme l'histoire clinique de cette albuminurie se confond avec l'appareil symptomatique
de la pyrexie préexistante, nous croyons préférable de limiter cette étude aux albuminuries s'accompagnant de *déterminations rénales avérées*, c'est-
à-dire à celles qui apparaissent dans le cours ou le
décours des pyrexies infectieuses, leur survivent et
conservent au milieu des autres désordres morbides
leur personnalité propre.

Je n'ai point l'intention de faire ici l'histoire complète des néphrites infectieuses *si bien mises en évidence*, depuis ces vingt dernières années, à la suite
des travaux de Bouchard et de Kannenberg, encore
moins de discuter la part qui revient dans leur production au *traumatisme microbien*, comme on l'avait
cru d'abord, et comme on a peut-être trop de tendance à l'oublier aujourd'hui, pour attribuer aux
toxines microbiennes l'action prépondérante dans
les déterminations anatomiques. Nous laisserons
aussi dans l'ombre tout ce qui a trait à l'anatomie
et à la physiologie pathologiques de ces néphrites,
bien que, à notre avis, la topographie même et la
modalité de ces lésions commandent, dans une
certaine mesure, l'évolution et les caractères des
principaux types cliniques. Nous devons nécessairement nous restreindre et limiter notre étude à celles
des questions essentielles qui nous semblent répondre
à l'idée directrice de ce travail et que nous range-
rons sous les quatre chefs suivants :

1° Parmi les néphrites infectieuses, quelles sont
celles qui sont curables, et quelle en est la proportion ?

2° Les chances de la curabilité varient-elles avec
la nature de l'infection ?

3° A quel signe peut-on reconnaître la curabilité
probable d'une néphrite infectieuse ?

4° Quelles sont les conséquences lointaines pour l'organisme d'une néphrite infectieuse guérie ?

Ces questions une fois résolues, nous jugeons qu'il ne sera pas inutile d'indiquer, même sommairement, les règles d'hygiène et de thérapeutique applicables pour éviter les retours de la néphrite sous le coup d'une infection nouvelle. Il y aura lieu surtout d'examiner minutieusement le rôle du médecin en présence de ces cas particulièrement délicats d'albuminurie persistante et survivant au processus inflammatoire ou dégénératif de l'organe, albuminuries d'interprétation très difficile, que certains auteurs ont considérées comme symptomatiques de *néphrites parcellaires* et que nous avons appelées : *albuminuries résiduales*, expression qui nous paraît avoir le grand avantage de viser le fait lui-même sans en préjuger l'essence.

1. — FRÉQUENCE DES NÉPHRITES INFECTIEUSES ; PROPORTIONNALITÉ DE GUÉRISON. — Toutes les maladies infectieuses sont susceptibles de se compliquer de *néphrite* depuis la scarlatine, la fièvre typhoïde, la grippe, la rougeole et les oreillons, jusqu'à la malaria, la fièvre jaune, la méningite cérébro-spinale, et la fièvre récurrente (Kannenberg). D'après nos observations et de minutieuses statistiques, on doit admettre que ces néphrites d'ordre pyrétique entrent, pour une proportion de 18 à 20 $^0/_0$, dans la constitution du mal de Bright, c'est-à-dire des néphrites chroniques. Ce chiffre est déjà significatif, mais il ne donne qu'une idée incomplète de la fréquence de ce genre d'albuminurie puisqu'il ne comprend ni les néphrites infectieuses spontanément guéries et qui ont pu échapper à l'observation, ni les albuminuries résiduales post-infectieuses qui constituent pourtant un contingent important.

Ceci bien établi, voici, par ordre de fréquence, l'influence provocatrice des diverses infections sur l'albuminurie. La *scarlatine* vient en première ligne avec un pourcentage de 38 $^0/_0$ sur la totalité des *néphrites infectieuses* ; Bamberger avait donné le chiffre beaucoup plus élevé de 31 cas d'albuminurie sur 46 des infections totales de la même catégorie. Ensuite figure la *grippe* avec un taux de 30 $^0/_0$. Les 32 centièmes restant à combler sont imputables à la puerpéralité, à l'érysipèle, au rhumatisme articulaire aigu, au paludisme, et à la tuberculose aiguë : chacune de ces infections représentant environ 6 $^0/_0$ des albuminuries par néphrites infectieuses envisagées en bloc (1). Mais j'insiste bien sur ce fait que nous n'avons compris dans notre statistique que les *albuminuries durables*, et que, lorsque nous parlons du rhumatisme articulaire ou de la syphilis, de la dothiénenthérie ou du paludisme, nous ne voulons pas parler des albuminuries plus ou moins passagères, constatées dans le cours de ces infections, mais d'albuminuries attribuables à de *véritables néphrites* et en comportant la durabilité, les complications et la gravité. Autrement les chiffres que nous apportons paraîtraient vraiment beaucoup trop faibles. C'est là sans doute l'explication de l'écart de notre statistique avec celle de Bamberger.

Dans l'énumération ci-dessus ne figurent ni la varicelle, ni l'érythème noueux, ni les oreillons : des cas de néphrite infectieuse varicelleuse sont pourtant venus à ma connaissance, mais je ne les ai pas observés personnellement. Je compte aussi dans mes notes trois cas d'albuminurie consécutive à l'érythème noueux ; mais je n'ai pu les englober dans ma statistique, parce qu'ils provenaient de la clinique hospitalière ou qu'ils étaient de constatation trop récente et n'avaient pu être soumis à une observation prolongée. Je crois cependant la néphrite de l'érythème noueux plus fréquente qu'on ne le suppose. Quant aux oreillons, c'est tout récemment seu-

(1) C'est intentionnellement que je n'ai pas classé ici la néphrite diphtéritique qui, rarement observée par moi dans le champ de mes observations journalières, ne se trouverait pas occuper le rang qui lui revient *réellement*, si je me basais, pour lui assigner son ordre de fréquence, sur le petit nombre des faits que j'ai pu recueillir moi-même.

lement qu'il m'a été donné de voir pour la première fois la néphrite ourlienne passée à l'état chronique.

En comparant l'*âge* de tous nos malades, nous arrivons à cette conclusion que ces néphrites infectieuses s'observent pour un bon tiers d'entre elles avant l'*âge de vingt ans.* — Seule, la néphrite infectieuse post-grippale a de la tendance à frapper surtout les adultes de 40 à 50 ans. — L'influence de l'*hérédité* ne saurait être négligée : *non pas l'hérédité directe,* qui me paraît absolument nulle dans l'espèce (une fois seulement dans un cas de néphrite post-scarlatineuse, un des parents de l'enfant était brightique), mais l'*hérédité indirecte* dont l'action est au contraire considérable. L'étude attentive de mes observations m'a appris que, dans les 3/4 des faits, l'*hérédité arthritique ou tuberculeuse* avait pesé lourdement sur les malades dont la néphrite infectieuse avait évolué vers la chronicité : or ceci ne saurait nous étonner après tout ce que nous avons dit sur les albuminuries fonctionnelles et surtout l'albuminurie intermittente cyclique ou orthostatique dont les relations avec l'arthritisme, et même avec la tuberculose, ne nous paraissent plus discutables. Il est donc tout à fait rationnel de supposer que ces dispositions constitutionnelles préexistantes ont pu s'opposer à la restitution intégrale de l'organe fluxionné ou enflammé par l'agent infectieux, et entraîner ainsi la persistance de l'albuminurie à l'état permanent, parfois intermittent, diurne le plus souvent.

2. — Dans quelles proportions la néphrite infectieuse est-elle curable? — Question des plus délicates et qu'il est d'autant plus difficile de résoudre *mathématiquement* que nous manquons de documents suffisamment précis et nombreux pour fixer notre jugement. Puis, il est des cas dont l'interprétation est des plus épineuses, tels les faits d'*albuminurie prétuberculeuse* dont j'ai esquissé une première description au Congrès de médecine interne (Lyon 1894) et qui prêteraient à une confusion regrettable si l'on faisait la disparition du symptôme albuminurie,

synonyme de bénignité. On sait, en effet, que dans les cas d'albuminurie prétuberculeuse que nous avons rapportés, et dont la plupart ont été reproduits dans la thèse de Bory (Lyon, 1894), l'albuminurie est un symptôme temporaire qui se montre pendant des mois, parfois même plusieurs années consécutives et qui disparaît presque constamment au moment où éclatent les localisations pulmonaires, localisations le plus souvent à évolution rapide et mortelle. Est-ce à dire qu'en pareil cas il faille comprendre ces albuminuries prémonitoires de l'évolution granulique comme des albuminuries curables? Assurément pas. Il faut y voir, au contraire, un symptôme révélateur de très haute gravité.

1° L'*albuminurie prétuberculeuse* généralement à type *intermittent matutinal* est donc une manifestation sévère de l'infection tuberculeuse. A plus forte raison, la *néphrite granulique* proprement dite est toujours d'une extrême gravité, surtout si elle s'accompagne de déterminations concomitantes du côté des séreuses pleurale, péricardique, péritonéale ou articulaire, ainsi que j'ai eu l'occasion d'en observer un cas particulièrement net il y a trois ans. Il faudrait cependant, à cet égard, ne pas être trop absolu, et de même que la granulie pulmonaire est susceptible, dans des cas rares tout au moins, d'être enrayée, l'infection tuberculeuse aiguë du rein est capable, elle aussi, de rétrocession ou tout au moins d'arrêt.

J'ai le souvenir très net d'avoir observé, il y a quelques années, de concert avec deux confrères très distingués, un jeune homme de 20 ans affecté de néphrite aiguë avec albuminurie massive, hématurie, néphrite très vraisemblablement *tuberculeuse* (il avait un frère mort quelque temps auparavant de phtisie galopante, et lui-même avait des sommets suspects). Le diagnostic paraissait s'imposer (le malade avait eu déjà la fièvre typhoïde et aucune autre infection ne semblait pouvoir être mise en cause). Il fut traité par le lait, le tannin, les bains tièdes. Tout s'amenda, et au bout de deux mois il put partir dans le Midi dans un état satisfaisant.

Depuis, un fait tout à fait analogue m'a été présenté, mais je n'ai pas eu l'occasion de revoir le malade: je le sais encore vivant; j'ignore seulement si l'albumine a disparu de l'urine.

Quant à la néphrite caséeuse, elle rentre dans la catégorie des altérations chroniques du rein, et ce n'est point ici le lieu de nous en occuper.

Nous sommes un peu mieux fixés, quoique encore documentés d'une façon insuffisante en ce qui concerne la variole, la syphilis, l'impaludisme. Il est incontestable que les albuminuries à type aigu ou subaigu de cette catégorie sont très certainement bénignes, pour l'impaludisme toutefois, moins que pour les autres.

2° L'*albuminurie variolique* est assez commune, d'après Couillaud, 42 fois pour 144 cas examinés, soit $37°/_0$. Or la néphrite post-variolique est exceptionnelle; je n'en trouve pas un cas net dans mes observations. Je ne saurais donc insister utilement sur ce point.

3° L'*albuminurie syphilitique* est fréquente, plus particulièrement dans la période secondaire où les phénomènes généraux de l'infection sont en général prédominants (exanthèmes, plaques muqueuses, poussées fébriles souvent), le traitement spécifique en a raison parfois très vite : aussi est-il difficile d'établir par des statistiques formelles le taux des cas de syphilis compliqués d'albuminurie et guéris, par rapport à ceux qui ont évolué vers l'état chronique et le brightisme. Cette évolution pourtant n'est pas exceptionnelle ; mais il faut, pour qu'elle se produise, ou bien que le malade soit prédisposé héréditairement au mal de Bright [comme dans un cas fort intéressant que j'ai encore sous les yeux et qui concerne un jeune officier de 35 ans, chez lequel une syphilis datant de 12 ans fut suivie d'accidents albuminuriques; or, je soigne précisément depuis plusieurs années la sœur de ce malade pour une néphrite chronique]; ou bien encore que des causes connexes de sclérose rénale (alcoolisme, saturnisme, goutte, etc.) viennent se joindre à l'action du virus syphilitique sur les vaisseaux du rein.

4° L'*impaludisme* peut produire aussi des poussées aiguës ou subaiguës de néphrite ; j'ai même une certaine tendance à supposer que les déterminations rénales du paludisme sont plus fréquentes qu'on ne l'admet en général. L'albuminurie consécutive à l'intoxication palustre n'a pas été suffisamment recherchée : c'est peut-être là précisément une des raisons pour lesquelles l'*albuminurie paludique* semble passer plus facilement à la chronicité. Traitée de bonne heure, comme la plupart des néphrites infectieuses sur lesquelles l'attention est attirée d'une façon plus précoce, elle paraîtrait peut-être aussi facilement curable, non pas par le traitement spécifique (je ne le considère pas comme héroïque dans l'espèce), mais par les moyens généraux. J'ai eu récemment encore dans mon service de l'Hôtel-Dieu une malade de Villard-les-Dombes, qui, affectée pour moi de néphrite palustre, a vu son albuminurie disparaître avec la plupart des malaises qui l'accompagnaient à la suite d'un traitement systématique : elle avait eu pourtant de l'albuminurie permanente (1 gr. environ), des œdèmes et des accidents nerveux par auto-intoxication. J'ai eu l'occasion de revoir cette malade depuis 3 ans une ou deux fois par année ; elle a conservé un peu de fatigue, et ressent de temps en temps quelques-uns de ces troubles névropathiques qui survivent si fréquemment aux néphrites une fois éteintes, mais son albuminurie n'a pas reparu.

5° Par contre, nous sommes en mesure d'affirmer d'une façon absolue la bénignité de la néphrite infectieuse liée au *rhumatisme articulaire aigu* ou à l'*érysipèle*. La néphrite érysipélateuse est fréquente ; j'en ai déjà recueilli bien des observations, quelques-unes même d'une incontestable gravité apparente, anurie presque complète, grands œdèmes, albuminurie massive avec cylindres épithéliaux en grand nombre, température élevée, etc., et qui ont pourtant évolué d'une façon absolument favorable : j'ai conservé à cet égard le souvenir très précis d'un fait tout spécialement intéressant et qui m'avait profondément frappé dès le début de ma pratique médicale. Il y a bientôt vingt ans, je donnais des soins à la femme d'un notaire d'une ville voisine manifestement tuberculeuse, mais atteinte d'une tuberculose à forme fibreuse et qui s'était nettement améliorée. Incidemment je constatai chez son mari, qui était pâle et légèrement essoufflé, de l'hypertension artérielle, un galop présystolique très net, de la polyurie et des traces impondérables d'albumine. Cet homme très actif, grand chasseur, ami des exercices violents, ne voulut suivre aucun régime et refusa de s'astreindre aux précautions hygiéniques les plus simples. Trois ans après, il vient très ému me prier d'aller voir, toute affaire cessante, sa femme qui lui paraît immédiatement menacée du fait d'une albuminurie grave survenue dans le cours d'un érysipèle malin : la situation de la malheureuse malade était des plus critiques, et il semblait qu'on dût s'attendre à un dénouement fatal. Eh bien ! malgré un état apparemment aussi grave, tout rentra spontanément dans l'ordre, la sécrétion urinaire se rétablit, l'albumine disparut et les forces revinrent ; mais avant même qu'elle ait pu se lever, son mari qui n'avait pourtant que des traces d'albumine succombait à une crise d'urémie aiguë que rien ne put conjurer. Du reste, Bartels, Gérardt, Wagner avaient déjà noté que l'albuminurie survenue dans le cours de l'érysipèle, passait exceptionnellement à la chronicité.

6° La *néphrite* évoluant dans le cours du *rhumatisme aigu* partage le même privilège ; la curabilité est la règle, le passage à la chronicité une rareté : la raison de cette bénignité relative réside très vraisemblablement dans ce fait qu'il s'agit de lésions catarrhales, superficielles et qui participent à la mobilité du mouvement fluxionnaire, qui est comme la caractéristique du rhumatisme. Je n'ai pas souvenance d'une néphrite rhumatismale survenue dans le cours d'une infection aiguë ou subaiguë qui ait évolué d'une façon fàcheuse. Je suis tellement persuadé de la bénignité d'une pareille complication que jamais une albuminurie, dans le cours du rhumatisme aigu, ne m'empêche aujourd'hui de recourir aux applications de vésicatoire en cas de manifestation très douloureuse sur une jointure, la plèvre ou le péricarde, tant l'expérience m'a appris qu'en pareil cas il n'y avait pas à redouter les accidents de l'insuffisance rénale. Et rien n'est si vrai que j'ai pu voir il y a 5 ans dans mon service de l'Hôtel Dieu, salle Montazet, un cas en apparence très grave de néphrite d'origine rhumatismale compliquée d'endocardite aortique, et à un moment même d'*œdème aigu du poumon*, à tel point qu'une terminaison fatale paraissait imminente, et qui, contre toute attente, se termina pourtant d'une façon favorable ; je publierai prochainement cette importante observation.

7° La *diphtérie*, la *puerpéralité* et la *dothiénentérie* constituent une série intermédiaire entre les albuminuries bénignes de l'érysipèle et du rhumatisme articulaire et les complications rénales plus graves de la grippe et de la scarlatine. *La majorité des néphrites ressortissant à cette triple origine ont une tendance spontanée à la guérison,* cependant à des degrés un peu différents : si je consulte le tableau des faits dont j'ai été le témoin, cette bénignité suit un ordre *décroissant* de la diphtérie à la dothiénentérie. La néphrite infectieuse d'ordre *diphtérique* guérit pourtant le plus souvent, sans que cependant le passage à la chronicité soit chose rare (Bartels le croyait exceptionnel); j'en connais quelques cas chez les adultes, dont un particulièrement intéressant et concernant un officier qui contracta la diphtérie dans une visite hospitalière : au bout de 4 ans, l'albuminurie, qui était permanente, devint *intermittente diurne* : aujourd'hui elle a disparu ; et il ne subsiste chez le malade aucun signe ou trouble fonctionnel qui puisse permettre d'affirmer la persistance d'une tare du côté du rein.

8° Depuis ces dernières années, il nous a été donné

d'observer un grand nombre de cas d'albuminuries durables attribuables à la grippe. Tout en faisant la part des cas assez nombreux où l'infection grippale n'a fait que mettre en évidence un processus d'irritation ou de dégénérescence rénales préexistant, et resté jusqu'ici latent, il n'est pas moins vrai que bien des fois nous avons vu l'*influenza être la cause primitive et déterminante de la localisation rénale.* Sans doute les cas même d'apparence sévère sont susceptibles de guérison, j'en ai enregistré un certain nombre ; leur durée moyenne est de six semaines à deux mois, mais j'en ai vu durer sensiblement plus longtemps (15 et 18 mois) et la guérison complète s'en suivre ; par contre, il en est néanmoins de plus graves, plus particulièrement ceux qui sont accompagnés de phlébite grippale ; j'ai vu au moins trois fois la mort rapide survenir en ces circonstances. Enfin l'*albuminurie grippale passe assez souvent à la chronicité* ; cette indication est nettement relevée, aussi bien dans ma statistique de la ville que dans ma statistique hospitalière.

9° La *dothiénentérie* nous suggère des réflexions à peu près analogues : fréquence extrême de l'albuminurie pendant la période d'invasion ou d'acmé fébrile ; assez grande fréquence de la néphrite infectieuse post-typhique, mais tendance naturelle des déterminations rénales vers la curabilité, en dehors des faits *de localisation primitive sur le rein*, et qui sont par contre éminemment graves. Si le passage à la chronicité est loin d'être une rareté, il est pourtant moins fréquent que dans la grippe ; ce qu'on voit plus souvent à la suite de la dothiénentérie, ce sont ces cas d'albuminurie intermittente que nous avons appelée *résiduale* et dont nous aurons à nous occuper plus loin d'une façon spéciale.

10° La *puerpéralité* occupe une place intermédiaire entre la grippe et la dothiénentérie ; je ne parle ici, bien entendu, que des néphrites d'ordre puerpéral survivant à l'accouchement ; laissant de côté toutes les albuminuries d'ordre mécanique ou de compression, si fréquentes dans le cours de la grossesse. Or, s'il existe des néphrites puerpérales graves et susceptibles de donner naissance aux accidents d'insuffisance urinaire et à l'éclampsie, il en est beaucoup qui se terminent d'une façon heureuse et souvent même après avoir duré 3 et 4 ans : j'en connais des exemples. Il faut reconnaître toutefois que la guérison s'obtient souvent d'une façon plus rapide. Quand l'albuminurie persiste aussi longtemps, il y a des chances pour qu'elle évolue vers le mal de Bright.

Mais il est difficile d'établir un rapport précis entre les faits de néphrite puerpérale guéris et ceux qui ont évolué vers la chronicité : nous ne possédons pas de documents suffisants nous permettant de le déterminer.

11° La *scarlatine*, par contre, nous représente l'infection qui exerce sur la fréquence des déterminations rénales et l'évolution de l'albuminurie l'influence la plus directe et la plus sévère : 38 % des cas de néphrites infectieuses, avons-nous dit, relèvent de la scarlatine ; et d'après nos calculs très minutieux, parmi les cas d'albuminurie qui lui sont directement imputables, un tiers seulement guérissent complètement, la moitié persistent souvent de longues années à l'état d'albuminurie permanente, intermittente, ou résiduale ; 1 cas enfin sur 5 marche au mal de Bright chronique, contrairement aux premières impressions de Charcot qui avait nié l'évolution possible de la néphrite scarlatineuse vers le brightisme.

Mais ce que je tiens à bien établir ici, c'est que l'albuminurie chronique post-scarlatineuse peut persister de longues années sans tourner au mal de Bright proprement dit. Je l'ai vu disparaître même après 4 années. Au delà, elle me semble destinée à durer indéfiniment : j'en connais un exemple dépassant déjà 25 ans (le malade est en parfaite santé) ; j'en possède dans mes observations un fait remontant à 17 ans ; je soigne quatre jeunes gens dont l'albuminurie chronique remonte déjà à 11 ans ; chez tous, je n'ai pu relever encore un seul symptôme imputable au mal de Bright proprement dit : nous aurons plus tard à nous expliquer sur ces faits et à en rechercher la véritable signification.

Le court espace dont nous disposons pour l'exposé d'une question aussi importante et complexe ne nous permet pas de nous étendre sur les troubles généraux de la santé répondant à ces diverses variétés d'albuminurie ; il nous paraît utile cependant de signaler quelques différences cliniques dans le syndrome morbide, suivant qu'il relève de telle ou telle cause : c'est ainsi que les grands œdèmes, fréquents dans la néphrite scarlatineuse ou l'érysipèle, sont beaucoup moins communs dans la néphrite puerpérale ou variolique ; en ce cas, ils restent presque toujours localisés (faits conformes de Barthélemy et de Sanson) ; ils sont très rares dans la néphrite diphtérique où Cadet de Gassicourt les a notés seulement 3 fois sur 100 ; dans mes notes personnelles, je n'en trouve pas un exemple. Les troubles circulatoires avec hypertrophie cardiaque appartiennent de préférence à la néphrite scarlatineuse ; l'albuminurie grippale entraîne plus facilement la dilatation des cavités droites et la disposition aux bronchites rebelles.

Rien de bien particulier à signaler sur les caractères communs des urines ; rares, foncées en couleur dans la période aiguë de l'infection, parfois accompagnées d'hématuries, elles contiennent de grosses proportions d'albumine (de 1 à 4 grammes), l'urée y est en proportions plutôt élevées, la toxicité est constamment accrue (J. Teissier et G. Roque), surtout dans l'albuminurie prétuberculeuse ; il existe des cylindres variés ou des débris épithéliaux. Dès que l'albuminurie tend à la persistance ou à l'état chronique, les urines se décolorent et deviennent plus abondantes, il y a parfois de la pollakiurie, et la toxicité des urines s'abaisse un peu, mais surtout le coefficient d'oxydation devient notoirement inférieur à la normale ; j'ai vu même, dans un cas récent, le chiffre de 60 $^0/_0$ à peine, et cela sans une diminution importante de l'urée éliminée.

3. — Signes et présomptions de curabilité. —
La question se pose en ces termes : Etant donné une
néphrite infectieuse, *quelles sont ses chances de curabilité* ? Il y a lieu de tenir compte d'abord de la nature
même de la pyrexie génératrice, car nous venons de
montrer, chiffres en mains, que ces chances varient
sensiblement avec la source de l'infection : considé-
rables par exemple pour les albuminuries du rhumatisme aigu ou de l'érysipèle, elles deviennent
déjà bien moins nombreuses pour l'albuminurie de la
scarlatine, puisque 1/3 seulement des cas guérissent
d'une façon complète. Il y a lieu d'envisager ensuite
le sens et la nature des modifications urinaires, car
l'étude même des grands symptômes concomitants
ne saurait fournir que des renseignements incomplets. Nous savons, en effet, que les grands œdèmes
rétrocèdent souvent avec une extrême facilité, seuls
des signes certains d'*auto-intoxication* (comme du
nystagmus irien), ou des lésions du fond de l'œil, ou
des troubles marqués du côté du cœur ont une plus
sérieuse valeur pronostique.

Les caractères des urines et surtout des oscillations
même du symptôme albuminurie ont une véritable
importance. Si des urines rares ou lavure de chair
contenant des cylindres épithéliaux ou granuleux,
avec des globules rouges plaqués à leur surface, et
chargées d'une quantité notable d'albumine (de la
sérine le plus souvent et formant un dépôt de coloration rosée ou d'un gris sale) s'éclaircissent d'une
façon progressive, sans toutefois se *décolorer* et devenir trop abondantes, si les cylindres deviennent
plus rares — à plus forte raison s'ils disparaissent,
— si l'albumine diminue de proportion et surtout si
elle perd son aspect rougeâtre ou cendré, enfin *si
la toxicité tend à se rapprocher de la normale,* on
peut espérer une guérison dans un avenir plus ou moins
lointain. Cette présomption deviendra plus précise
encore si, de *permanente,* l'albuminurie devient *intermittente,* intermittente cyclique d'abord, intermittente
irrégulière ensuite. C'est là, en effet, un des éléments

sur lequel le pronostic peut se baser d'une façon plus
particulièrement solide ; car l'expérience nous a appris que lorsqu'une albuminurie post-infectieuse
évoluait vers la guérison, elle commençait par disparaître le matin, le malade étant encore couché.
Puis, si, le patient une fois levé, l'albumine ne reparaît
pas et reste décelable seulement l'après-midi, le signe
a encore une signification plus grande ; surtout si l'albuminurie tend à ne plus se montrer d'une façon
quotidienne, mais apparaît seulement à l'occasion
de la station debout prolongée, d'un écart de régime,
d'une fatigue cérébrale trop grande, d'une émotion
vive, d'un trouble météorologique violent ou d'un
malaise passager (physiologique, comme la mens-
truation ou autre), alors on peut prédire que la guérison n'est pas éloignée ; et cela, surtout si à ces phénomènes objectifs on peut ajouter l'intégrité parfaite
du cœur, si la pression artérielle *plutôt basse*, tend
à s'abaisser encore d'*une façon relative* dans la période d'albuminurie ; si enfin l'épreuve au bleu de
méthylène indique que l'élimination rénale est suffisante, et si la recherche de la toxicité urinaire
confirme ces résultats. Mais ce qu'il faut bien savoir,
c'est que cette albuminurie intermittente peut durer
souvent 6 à 8 mois — et parfois même plusieurs
années, 2 ans assez fréquemment, 4 ans dans des cas
plus rares. D'autres fois l'albuminurie persiste à l'état
indéfini sans signes généraux révélateurs, constituant
ce que MM. Lecorché et Talamon ont appelé
l'*albuminurie minima*, et ce que nous décrivons
nous-mêmes sous le nom d'*albuminurie résiduale*.

4. — CONSÉQUENCES ÉLOIGNÉES DES NÉPHRITES IN-
FECTIEUSES GUÉRIES. — VALEUR SÉMÉIOLOGIQUE ET
PRONOSTIQUE DE L'ALBUMINURIE RÉSIDUALE. — L'albuminurie qui survit à une *néphrite infectieuse en
apparence guérie,* c'est-à-dire qui ne laisse chez le
sujet qui en a été la victime aucun signe objectif
notable, ni symptôme morbide sensible, peut se
présenter sous quatre aspects différents :

1° L'albuminurie persiste à l'état *permanent*, mais

avec d'énormes *oscillations* : à peine sensible le matin, très prononcée au milieu du jour, mais très *facilement accentuée* par le moindre malaise, fatigue, surcroît de travail ou infection intercurrente, etc.

2° Elle dure à l'état *intermittent régulier*, plus généralement à maximum diurne, et reproduit dans ses allures générales le syndrome décrit sous le nom d'albuminurie cyclique des jeunes sujets ; ou bien, mais à un degré moins accusé, elle se rapproche dans ses variations de l'*albuminurie de la station debout ou orthostatique simple*, c'est-à-dire qu'elle apparaît seulement, le malade une fois sorti de son lit ; mais elle *ne subit plus l'influence des conditions contingentes* qui influent sur les oscillations des autres variétés d'albuminurie (fatigue, régime, etc.).

3° L'albuminurie persiste à l'état de symptôme *irrégulier et intermittent*.

4° L'albuminurie enfin survit, à un état fixe ou *permanent* ; mais rien, ni le régime, ni la fatigue, ni la station debout ne font varier les proportions de l'albumine rendue : seuls, les états aigus intercurrents peuvent en augmenter passagèrement le taux.

De ces quatre variétés d'albuminurie, seules les trois dernières méritent vraiment le nom d'*albuminurie résiduale*. La première en effet (*albuminurie résiduale oscillante*), bien que n'entraînant pas la présence de phénomènes cliniques appréciables, ne saurait être considérée comme un état compatible avec la santé complète, puisqu'il suffit des influences les plus légères pour déterminer du côté du rein des poussées qui trahissent sa très grande susceptibilité. Les sujets qui en sont atteints doivent être soignés sérieusement, ou du moins surveillés d'une façon minutieuse. Quant aux trois autres variétés, elles sont à ce point bénignes qu'elles nous semblent susceptibles de coexister avec la résolution complète du processus inflammatoire infectieux ou toxique qui leur a donné naissance : les albuminuries résiduales vraies sont compatibles avec la santé parfaite, même celles qui sont *permanentes*, quand elles se présentent dans les conditions générales que nous avons indiquées plus haut, surtout si, comme nous l'avons déjà fait pressentir, l'état de la circulation ne laisse rien à désirer, et *si la perméabilité du rein*, expérimentalement recherchée, est parfaite.

Il y a lieu d'admettre en effet que la grande majorité des infections ne touchent le rein que partiellement, par îlots, de façon à justifier l'expression de *néphrite parcellaire* proposée par Cuffer et Barbillon et dont Cornil et Brault ont prouvé la réalité anatomique et qu'admettent aujourd'hui bon nombre de cliniciens : il est très vraisemblable qu'en pareille occurrence les épithéliums frappés de dégénérescence sous le coup du traumatisme microbien ou des toxines éliminées et n'ayant pas subi la réparation intégrale, laissent toujours filtrer une certaine quantité d'albumine, mais le *processus morbide est éteint*, les parties saines fonctionnent d'une façon régulière et satisfont d'une façon complète aux besoins de la dépuration organique ; l'organe ne deviendrait inférieur à sa tâche que si on lui demandait un travail exagéré et au-dessus de ses capacités fonctionnelles. La guérison donc peut être considérée comme partiellement au moins réalisée, c'est tout au plus si l'on peut envisager le rein comme frappé d'un certain degré meïopragie fonctionnelle.

On a donné aussi à ces albuminuries permanentes survivant à des infections, sans signe morbide apparent, le nom d'*albuminuries cicatricielles* (Bard) ; *anatomiquement*, l'expression est discutable, c'est tout au plus si on pourrait la réserver aux lésions localisées consécutives à des infarctus ; *cliniquement*, elle serait plus soutenable en ce sens qu'elle comporte l'idée d'une véritable épine persistant au niveau de l'organe et susceptible d'expliquer les poussées temporaires qui s'y peuvent produire sous l'influence des causes les plus variées d'excitation. Néanmoins nous préférons (nous le répétons à dessein) l'expression d'*albuminuries résiduales*, qui vise à la fois la source à laquelle elles survivent, qui répond à des caractères cliniques bien établis, sans rien préjuger de la nature même des conditions anatomiques qui lui donnent naissance, et que nous ne sommes pas en état de trancher d'une façon définitive.

En résumé, l'*albuminurie résiduale* vraie peut et doit être, dans la grande majorité des cas, considérée comme une *albuminurie bénigne*, voire même *une albuminurie de guérison* ; il faut savoir pourtant que si cette guérison peut être considérée souvent comme définitive, elle est d'autres fois assez fragile, en ce sens que les phénomènes rénaux sont sujets à retour. Exemple : un jeune homme contracte la scarlatine ; une néphrite survient : l'albumine persiste à l'état permanent deux mois, puis à l'état intermittent deux ans ; pendant 4 ans ensuite plus rien ; alors sous l'influence d'une blennorragie pourtant légère, l'albumine reparaît de nouveau, non point d'une façon très sérieuse assurément mais enfin pendant plusieurs semaines. J'estime d'autre part que ces accidents sont susceptibles de constituer un facteur de premier ordre pour provoquer l'apparition d'un certain nombre d'albuminuries purement fonctionnelles, telles que l'albuminurie digestive ou hépatique, voire même l'albuminurie orthostatique : j'ai eu l'occasion, dans une leçon récente, de citer une observation de ce genre et tout particulièrement intéressante au point de vue du mécanisme de cette albuminurie *par rappel* d'une lésion antérieurement éteinte. Enfin, mais dans des cas rares, il est vrai, cette néphrite infectieuse peut devenir, de longues années après, le point de départ ou l'élément provocateur d'un véritable mal de Bright. Lécorché a peut-être exagéré un peu la portée de cette influence provocatrice ; elle est admise d'ailleurs aussi par Christison et Rosenstein. M. Potain a cité un exemple d'une néphrite de ce genre, suivie 21 ans après de vrai mal de Bright. Il me semble que la vérité est entre les deux opinions extrêmes, et je crois qu'on aurait tort d'exagérer les conséquences lointaines, au point de vue d'une évolution ultime vers le mal de

Bright, de ces albuminuries post-infectieuses passées
à l'état intermittent ou résidual.

Je me suis étendu un peu longuement sur ces
faits assez spéciaux pour bien poser tous les points
du problème et montrer tout l'intérêt de cette question. Il y a lieu maintenant d'envisager minutieusement ces modalités variées de l'albuminurie
résiduale au point de vue de la solution à lui donner
relativement à ces deux résolutions si importantes
du mariage et de l'assurance sur la vie, ou bien
encore de l'admission aux grandes écoles. On con-
naît notre opinion en ce qui concerne les albuminuries fonctionnelles, il est nécessaire de la formuler
en ce qui concerne l'*albuminurie résiduale*.

Je ne pense pas qu'il y ait lieu de s'opposer au mariage d'un sujet atteint *d'albuminurie résiduale
vraie*, et j'entends par là celle qui paraît survivre à
un processus néphritique éteint, qui ne s'accompagne
d'aucun trouble fonctionnel, et qui laisse supposer
une perméabilité complète de l'organe ; surtout *lorsque l'albuminurie reste fixe*, à un taux que ne
modifient ni l'exercice, ni le régime, ni le travail intellectuel, etc. Je connais plusieurs de ces malades
mariés depuis bien des années déjà, et dont la santé
me paraît être excellente : des jeunes femmes ont pu
traverser l'écueil de la maternité sans en être autrement éprouvées, et sans qu'elles aient eu à encourir
les dangers de l'éclampsie. J'ajouterai cependant
qu'en raison précisément des inconvénients d'une infection puerpérale toujours possible, la question doit,
en ce qui concerne la femme, être pesée peut-être avec
un soin plus minutieux. Lorsqu'on se trouve en présence d'un cas d'albuminurie post-infectieuse de la
première catégorie, c'est-à-dire lorsque la quantité
d'albumine est encore manifestement influencée par
la généralité des causes secondes que nous connais-
sons, je crois qu'il est préférable de s'abstenir ou de
surseoir. Tout dépend aussi des soins à venir et des
précautions mises à réaliser les prescriptions hygiéniques nécessaires.

Pour l'assurance sur la vie, il est un peu plus difficile de se prononcer. Personne à l'heure actuelle ne saurait trancher la discussion avec des arguments formels, car il faudrait opposer à une statistique établissant les chances de mortalité ou de survie chez 50 ou 100 adultes, absolument bien portants à 20 ans, une statistique parallèle portant sur un même nombre de sujets affectés, à la même époque de la vie, d'*albuminurie résiduale vraie.* Le temps nécessaire à établir une pareille comparaison est loin d'être écoulé. J'ai quelque raison de penser cependant que les tables de mortalité ainsi dressées et portant sur des faits bien étudiés et rigoureusement triés ne présenteraient pas de différences sensibles. C'est aux médecins de nos grandes compagnies de bien préciser la question et de savoir étudier les faits. En tout cas, il me paraît nécessaire et légitime de s'élever, là encore, contre l'ostracisme auquel ont été condamnés les jeunes sujets à qui une scarlatine, une diphtérie ou une grippe plus ou moins sévères, ont laissé quelques traces d'albumine souvent même difficiles à déceler, et cela pour les mêmes raisons que nous avons fait valoir déjà en envisageant la question à propos des albuminuries fonctionnelles et qui conservent ici toute leur valeur.

De même *pour les grandes écoles,* je n'hésite pas à conclure que l'albuminurie résiduale ne doit pas être une cause d'exclusion de la part des pouvoirs publics. — C'est au médecin qui a soigné les jeunes malades de savoir les conseiller avec clairvoyance : car il est certain que c'est la préparation aux concours, bien plus que le travail réalisé à l'école même qui constitue le vrai danger. Il y a donc une expérience préalable à tenter ; le travail intellectuel forcé, l'exercice prolongé surtout à cheval, augmentent-ils sensiblement les proportions d'albumine et la font-ils apparaître en dehors des périodes d'albuminurie communes : *certes, il est prudent de s'abstenir* et de montrer au candidat l'intérêt qu'il peut avoir à orienter autrement sa carrière et ses études. Ces

divers essais restent-ils sans influence? Il n'y a alors
aucune raison rigoureuse de décourager une voca-
tion ou de sérieux intérêts de famille. J'estime pourtant qu'aux candidats qui se destinent à la carrière
militaire, il vaut mieux déconseiller la cavalerie,
l'exercice du cheval étant, même chez les gens bien
portants, un exercice qui expose à la congestion des
reins et à la production de l'albuminurie transitoire.

Mais, si je considère que le brightisme est un aboutissant rare pour *les albuminuries résiduales*, il est un
certain nombre d'accidents qui, dans un avenir plus ou
moins lointain, sont susceptibles d'apparaître comme
conséquence de ces albuminuries persistantes, ou des
néphrites infectieuses une fois guéries. C'est principalement toute cette série d'accidents nerveux, que nous
avons décrits autrefois avec Crespin, sous le nom de
névroses post-infectieuses, et qui vont depuis le tic
de la face le plus simple et les troubles psychiques
légers, jusqu'aux accidents plus graves de la grande
hystérie ou les grands désordres mentaux. Ces accidents méritent d'être signalés, parce qu'ils touchent
à une question de pathogénie importante et qu'ils
mettent en cause, dans une certaine mesure, la *perméabilité rénale*. Ayant observé un instant que la plupart des névroses post-infectieuses se produisaient
en général (*qu'il y ait ou qu'il n'y ait pas d'albumine dans l'urine*) chez des sujets dont la *toxicité urinaire était nettement diminuée*, j'en avais conclu que
ces manifestations nerveuses trahissaient nettement
l'insuffisance rénale, ce qui n'était pas une indication
sans valeur. Mais depuis, ayant eu l'occasion avec Guinard, dans le cours de nos recherches sur l'influence
exercée par la glande hépatique sur les toxines in-
jectées dans le système porte, de constater *l'influence
spéciale des toxines vieillies* sur les éléments nerveux
centraux ou périphériques, et cela sous forme de vertiges, tremblements, parésies diverses, etc., nous avons
dû nous demander *si ces phénomènes nerveux post-
infectieux ne seraient pas souvent* la conséquence directe, quoique lointaine, de l'action de la pyrexie infec-

tieuse sur le système nerveux, et cela sans l'intermédiaire du rein. Il est bien vraisemblable que les choses se passent parfois ainsi ; mais le fait de la diminution sensible et constante de la toxicité urinaire reste, et pour nous il demeure établi que, lorsque ces accidents concordent avec une albuminurie résiduale, ils en accentuent la signification et doivent mettre en garde le clinicien.

Il est un autre élément, qui entre aussi très certainement en cause dans la production de ces phénomènes et sur lequel nous n'avons malheureusement pas la place d'insister, c'est l'*hérédité nerveuse* qui commande le sens et les caractères de ces manifestations. Enfin il faudrait signaler encore l'apparition des accidents diathésiques ataviquement transmis (goutte ou autre), et dont la néphrite infectieuse peut provoquer ou précipiter l'apparition. Mais il nous est impossible d'insister.

5. — RÈGLES DE THÉRAPEUTIQUE ET D'HYGIÈNE GÉNÉRALES A APPLIQUER A LA CURE DES NÉPHRITES INFECTIEUSES ET DE L'ALBUMINURIE RÉSIDUALE. — Bien que les limites restreintes de ce travail ne comportent pas un chapitre spécial de thérapeutique, il n'est vraiment pas possible de ne pas signaler tout au moins les enseignements qui sont comme la conséquence nécessaire des faits généraux que nous venons de mettre en lumière.

C'est, en premier lieu, la nécessité absolue de combattre avec une extrême rigueur les poussées de néphrites infectieuses se produisant dans le cours ou à la suite des différentes pyrexies. *Toute albuminurie, même légère, qui survit quelque temps à une infection*, doit être sévèrement traitée, et sans hésitation il faut imposer le séjour au lit et le régime lacté absolu : il est indispensable d'attaquer le mal dans sa racine, si l'on veut éviter de le voir durer. Suivant l'importance de la fluxion rénale, on aura recours à une révulsion, modérée ou énergique, et souvent même aux applications de sangsues dans la région lombaire. Dans quelques cas, il sera utile d'ajouter à la diète lactée quelques médicaments spéciaux, quinine, tannin préparé à l'alcool (Potain), ou bien encore, surtout s'il y a des œdèmes, de l'alcool nitrique à la dose de XV gouttes en moyenne, par jour, suivant la vieille pratique de Forget, reprise il y a bien des années par mon père, le P\ B. Teissier. J'ai eu plusieurs fois à en constater les bons effets, principalement dans les anasarques d'origine scarlatineuse.

C'est dans ces formes aiguës ou subaiguës que le lait d'ânesse trouve une indication courante et rend de véritables services ; car dans ces poussées de néphrites infectieuses, les phénomènes gastriques du début sont souvent tellement intenses que le malade a beaucoup de peine à tolérer le lait de vache.

Mais la période franchement aiguë a pris fin, l'albuminurie semble avoir disparu ; à quel moment est-on autorisé à revenir au régime mixte, sans risquer de compromettre la guérison définitive et d'exposer le malade aux inconvénients d'une rechute ? Je ne puis à cet égard que maintenir absolument les règles de conduite que j'ai formulées dans une publication antérieure :

« Quand l'albuminurie a complètement disparu, qu'il n'existe aucun signe d'intoxication, que le bouillon gras ou un morceau de poisson, donnés à titre d'essai, ne l'ont pas fait reparaître, on est autorisé à revenir d'une façon progressive et mesurée, à une alimentation mixte composée d'abord de quelques œufs, d'un peu de jambon ou de poulet bouilli, ou de quelques purées féculentes (pommes de terre ou lentilles) accommodées au lait. Mais, si les aliments donnés à titre de pierre de touche ont seulement ramené des traces d'albumine, il faut redoubler de prudence et ne revenir que très lentement à l'alimentation solide. Bien des malades qui ont quitté notre service, se croyant guéris parce qu'ils avaient recouvré leurs forces, et qu'ils n'avaient plus d'albumine depuis quelques semaines, sauf dans les heures de digestion qui suivaient l'absorption d'une

tasse de bouillon ou d'une portion de poisson, y
sont revenus quelques mois après en pleine urémie,
pour avoir cru trop tôt au retour complet de la santé
et avoir méconnu les règles de diététique générale
que nous avions pensé devoir leur fixer. »

J'ajoute à ces règles diététiques la nécessité de
prolonger pendant très longtemps le *décubitus horizontal* tout au moins le matin et le soir, et surtout
dans les deux heures qui suivent le repas de midi, non
seulement afin d'éviter la station debout prolongée
qui, selon nos observations antérieures, peut provoquer en elle-même et pour son propre compte de l'albuminurie, mais encore et surtout pour éviter le développement de la dilatation de l'estomac et conséquemment l'albuminurie digestive qui l'accompagne si
souvent : l'adjonction d'une albuminurie de ce genre
ne pouvant que retarder la guérison ou provoquer
le rappel de l'albuminurie primitive. C'est dans ce
même ordre d'idées qu'il faudra réduire à des proportions raisonnables la quantité de boissons ingé-
rées et ne pas trop insister sur le régime lacté qui
alors peut avoir lui-même des inconvénients.

Il faudra conseiller aussi et simultanément une
bonne hygiène de la peau, des frictions douces, et
quelques bains tièdes, bains légèrement salés et sti-
mulants, en recommandant les plus grandes précautions contre le refroidissement. La surveillance ne
se relâchera que lorsque le régime, un exercice
soutenu, ou le travail cérébral ne provoqueront pas
le retour de l'albuminurie. Mais bien souvent, c'est
déjà à une époque lointaine du début que l'on est
appelé à voir le malade ; et c'est à 5 ou 8 ans que
remonte la dothiénentérie ou la scarlatine, cause de
l'albuminurie constatée. Or celle-ci se présente soit
à l'état chronique permanent, soit avec des allures
intermittentes nettes. Dans cette dernière hypothèse,
si l'albuminurie reste dans des limites à peu près
fixes et que ne modifient ni la fatigue physique ni le
surmenage intellectuel ni le molimen cataménial
chez la femme, encore moins les maladies aiguës,

intercurrentes (il se peut même faire que dans ce dernier cas, soit du fait du séjour au lit, soit du fait même de la fièvre qui provoque la combustion plus complète des albuminoïdes, l'albumine disparaisse pour ne se déceler à nouveau qu'une fois la convalescence achevée et avec le retour à la vie commune), alors il n'y a vraiment pas de traitement à suivre ; car, dans de pareilles conditions, l'albuminurique n'est plus un malade : il doit être considéré comme guéri et le rôle du médecin doit se borner à lui recommander la prudence, le repos relatif, une bonne hygiène générale, l'absence de tout écart de régime et de temps à autre, un peu de *révulsion lombaire* (badigeonnages à la teinture d'iode de préférence), enfin et si le sujet accuse un peu de lassitude ou de faiblesse, l'usage alternatif et par intervalle de quelques préparations quiniques, phosphatées ou iodotanniques. La médication martiale sera réservée aux cas où les signes d'anémie seront plus sensibles.

Mais, si l'albuminurie est permanente, bien qu'elle ne se révèle par aucun symptôme sérieux, que l'état général de la santé soit bon et que l'albuminurie ne soit pas sujette à des variations importantes sous l'influence des causes contingentes que nous avons déjà citées, il y a lieu d'être plus sévère et de recommander l'observation plus méthodique des règles d'hygiène ou de régime prescrites. Cette permanence dans l'albuminurie implique une fuite épithéliale réelle ou l'existence d'une zone de tissu altéré jouant le rôle d'une véritable cicatrice en plein parenchyme. Certes, la lésion est bien compensée, mais comme chez un cardiaque valvulaire, dont la lésion est parfaitement équilibrée, l'organe est en état de méïopragie certaine ; arrive alors une infection nouvelle, qui, même sans toucher le rein, supprime d'autres émonctoires, le *foie* par exemple : alors le rein pourra devenir, de ce fait même et sans lésion nouvelle, insuffisant, et le malade pourra succomber aux conséquences directes de l'infection générale. J'ai observé des faits analogues chez des albuminuriques de date très ancienne, à la suite d'une grippe ou d'une dothiénentérie ayant touché le foie, et sans que l'albuminurie préexistante ait été modifiée dans ses proportions et ses allures.

2. — ALBUMINURIES DES NÉPHRITES CHRONIQUES

Ce n'est pas sans avoir longuement hésité que je me suis enfin déterminé à ajouter ce *dernier article à l'histoire des albuminuries curables*, car je ne me dissimule pas le scepticisme avec lequel plus d'un lecteur sera disposé à l'accueillir. Mais, après maintes réflexions, après avoir minutieusement analysé et pesé avec une extrême rigueur toutes nos observations, j'ai songé que l'albuminurie brightique ne saurait être sans injustice éliminée de notre cadre. Jaccoud, nous l'avons vu il y a longtemps déjà, n'a pas craint d'écrire qu'en principe toute albuminurie était curable ; l'expérience m'a permis de constater sans conteste l'exactitude de cette proposition : *ce n'est qu'une question de proportion et de degré*. La néphrite chronique assurément figure tout au bas de l'échelle ; mais enfin elle y figure : des faits, rigoureusement observés et critiqués, en font foi. Ils sont bien rares, *trop rares sans doute* ; mais ils existent. Voyons dans quelles proportions ils se rencontrent, quelles sont les formes plus spéciales où l'on est autorisé à voir cette espérance se réaliser.

PRONOSTIC DES NÉPHRITES CHRONIQUES. — POURCENTAGE DES GUÉRISONS POSSIBLES. — Pour fixer ce point important, j'ai construit une double statistique : *Dans un premier tableau*, j'ai réuni 100 cas de néphrites chroniques nettement confirmées, c'est-à-dire 100 cas de néphrite scléreuse ou dégénérative (post-infectieuse ou tuberculeuse), néphrites compliquant le diabète sucré, néphrites ascendantes, etc. J'ai enregistré au hasard les 100 premiers cas de ce genre consignés dans mes notes de consultation depuis le 1er janvier 1895, de telle sorte que si je devais englober dans ma statistique un certain nombre de faits sur lesquels je ne pourrais avoir que des renseignements incomplets concernant leur évolution finale, je me trouvais au contraire dans de bonnes conditions pour avoir sur la plupart de mes malades des indications précises sur les faits de date ancienne et pour baser mon pronostic sur des observations de plus longue portée.

Parallèlement et *dans un second tableau*, j'ai fait consigner 100 cas de néphrites chroniques, observés à l'Hôtel-Dieu dans mon service et colligés dans des conditions analogues, c'est-à-dire au hasard et dans l'ordre fortuit où ils se sont présentés. Toutes ces observations ont été soumises à une critique sévère : or, voici les résultats généraux qu'on en peut déduire et les enseignements qui en découlent :

1° *Statistique de la ville.* — Sur 100 malades observés, 55 sont morts ; 10 ont vécu plus de 10 ans depuis l'époque où le mal de Bright a été constaté à l'état nettement confirmé et le diagnostic précis consigné dans nos notes ; 14 ont survécu plus de 5 ans dont la moitié dé,à depuis plus de 8 années ; et de ces 24 malades 10 vivent encore dont 3 pour la première catégorie (survie de plus de 10 ans) et 7 pour la seconde (survie de 5 à 10 ans).

Or, des 3 survivants de la première catégorie, 2 ont déjà dépassé la 11e année, et le troisième en est à sa 13e année de survie ; c'est un cas de pyélo-néphrite calculeuse tellement amélioré qu'au bout de deux années le malade n'a plus eu besoin de nos soins. Quant aux 7 survivants de la seconde catégorie, ils sont aujourd'hui dans un état assez bon pour pronostiquer chez eux une longue survie.

Enfin sur ces 100 malades, j'estime qu'il y en a 9 que l'on peut à bon droit admettre comme étant guéris ; c'est donc 9 °/₀ des néphrites chroniques que l'on est autorisé à considérer comme susceptibles de guérison. *Donc il y a des néphrites chroniques curables.*

2° *Statistique hospitalière.* — Celle-ci est malheureusement moins encourageante. Je n'y trouve que 10

sujets ayant survécu de 5 à 15 ans à la maladie nettement déclarée : car je suis forcé d'éliminer 26 observations, où je trouve la terminaison notée comme
douteuse. Donc, en rapportant 10 de mes cas de survie aux 76 cas seulement dont l'issue a été
soigneusement enregistrée, nous arrivons à un
pourcentage de 13, 15 °/₀ de survie prolongée, au
lieu de 24 °/₀ que nous trouvions dans nos observations privées. Deux cas seulement peuvent figurer
à la colonne des guérisons et encore le premier est-il
discutable ; car il est indiqué dans les anamnestiques
que le début de l'albuminurie pourrait remonter
peut-être à un érysipèle consigné dans les antécédents ; or ce que nous savons de la bénignité essen-
tielle des néphrites d'origine érysipélateuse tendrait
à diminuer la valeur démonstrative du fait en lui-
même. Par contre, le second cas est absolument con-
vaincant : l'observation a d'ailleurs été publiée en
partie déjà dans le mémoire que j'ai rédigé avec le
Dr Frenkel et paru dans les *Archives de physiologie*,
et où elle figure à titre d'exemple remarquable de
maladie de Bright considérablement améliorée par
les injections sous-cutanées de néphrine. Le tableau
clinique était complet et le diagnostic ferme ne saurait être révoqué en doute ; mais ce qu'il y a de plus
intéressant, c'est qu'il y a quelques mois à peine j'ai
eu l'occasion de rencontrer cette malade qui était, il
y a quatre ans, dans un état extrêmement lamentable.
Sa santé semble vraiment bonne, elle se lève à quatre
heures pour aller chaque matin vendre sur nos mar-
chés les légumes de son jardin, elle n'accuse aucun
trouble fonctionnel sérieux ; c'est à peine si à l'aus-
cultation on constate une ébauche de galop, elle qui
présentait un tracé cardiographique que nous avons
recueilli à plusieurs reprises et montré dans notre
service comme pathognomonique ; elle n'a plus d'albumine, et pas même un peu d'œdème périmalléolaire, elle qui avait présenté des suffusions séreuses
remontant à mi-cuisse et accompagnées de purpura !
On ne saurait beaucoup s'étonner d'ailleurs de la

différence des résultats fournis par ces deux statistiques comparatives : les malades qui viennent à l'hôpital réclamer nos soins sont en général plus négligents, ils ont une répulsion marquée pour les régimes spéciaux ; une alimentation d'où l'on bannit les viandes noires et les boissons stimulantes leur paraît une anomalie, et l'on a beaucoup de peine à les convaincre de l'utilité du lait et des aliments végétaux. Souvent ils restent indifférents contre les premiers malaises du brightisme et résistent jusqu'à ce qu'ils tombent, et souvent ils viennent à l'hôpital lorsque déjà les signes de l'insuffisance urinaire sont manifestes. D'autres fois, les observations moins importantes ne sont pas toujours conservées, du fait d'une rédaction moins soignée ou incomplète ; celles qui ont été suivies d'autopsie, par contre, ne s'égarent pas : ce qui charge naturellement encore la statistique.

Mais la cause principale, à notre avis, des bénéfices très nets qui s'accusent en faveur de la statistique privée, c'est qu'elle comporte plus volontiers un certain nombre de sujets appartenant à la *famille pathologique* qui compte plus aisément des cas de néphrites susceptibles d'évoluer vers la guérison, je veux dire la *famille arthritique* avec ses manifestations calculeuses, diabétiques ou articulaires. C'est là, en effet, dans cette notion de pathologie générale, qu'il faut chercher la clé du problème *les conditions pathogéniques du mal de Bright ayant, à n'en pas douter, une influence très nette sur la durée de l'albuminurie d'abord, sur sa curabilité possible ensuite.* Déjà, même à l'hôpital, cette vérité ressort de la lecture de nos observations. Parmi les 10 cas que nous y avons relevés et ayant comporté une survie de 5 à 15 ans, un bon tiers se rapporte à des néphrites calculeuses ou au rhumatisme goutteux. Mais, dans nos tableaux relatifs à la consultation privée, le fait est d'une bien plus grande évidence, puisque parmi les cas de néphrite chronique durant depuis plus de 10 ans, 7 sur 10, soit près des 3/4, sont imputables à la gravelle ou au diabète, et parmi ceux qui n'ont pas encore atteint cette durée de 10 ans, nous en comptons encore 57 °/₀ relevant de la même cause. Aussi est-on naturellement conduit à supposer qu'en pareil cas les néphrites imputables à la calculose, au diabète ou au rhumatisme goutteux sont *des néphrites procédant par à-coups, par poussées partielles, par îlots en quelque sorte ou par parcelles*, et que, à côté des parties lésées, il y a des parties restées saines et assurant l'accomplissement de la fonction. Or, cette *parcellisation des lésions* sera d'autant plus facilement réalisable que le processus inflammatoire ou dégénératif dans le rein sera provoqué par une cause plus localisée, comme un calcul enclavé, une compression ou un processus d'origine ascendante. Voilà pourquoi ces causes provocatrices assurent aux malades affectés de mal de Bright une survie plus longue que lorsque la néphrite dépend d'une influence constitutionnelle, plus profonde ou plus invétérée. Et ceci est tellement vrai, qu'il est des cas où l'on peut observer des lésions extrêmement avancées au point de vue anatomique, à telle enseigne que les dépôts urinaires contenaient d'*énormes cylindres colloïdes*, et qui peuvent évoluer néanmoins vers la guérison parce qu'elles sont restées à l'état parcellaire et que les parties voisines, demeurées saines, ont assuré une compensation collatérale parfaite, comme dans un fait très remarquable que j'aurai à indiquer plus loin et où la guérison a pourtant été obtenue.

Il n'y a d'ailleurs qu'à observer ce qui se passe au niveau des articulations en état de fluxion rhumatismale subaiguë ou même chronique. On sait la superficialité, la mobilité, les saccades congestives, si je puis m'exprimer ainsi, de ces mouvements fluxionnaires ; et l'on est bien en droit d'admettre que quelque chose d'analogue se passe du côté du rein : fluxions localisées, partielles, à répétition, mais susceptibles de permettre le rétablissement temporaire ou définitif de la fonction.

C'est sans doute pour ces différentes raisons que sur les neuf malades que nous avons vu guérir parmi

nos 100 brightiques, il y en avait 4 affectés primitivement de néphrite calculeuse, 1 consécutif à une
cystite bactérienne d'origine rhumatismale, 4 atteints
de rhumatisme goutteux à poussées articulaires intermittentes et mobiles (1).

Je pourrais peut-être en citer un dixième ; bien que
l'albumine ait complètement disparu six mois avant
la mort de la malade, mais je suis de ceux qui pensent
que, chez un brightique, il ne faut pas toujours se réjouir de la disparition de l'albumine ; il se peut faire
que le rein soit tellement malade, qu'il ne laisse plus
rien filtrer, pas même l'albumine. Je me rappelle, à ce
sujet, une vieille observation de mon service du
Perron, qui m'a beaucoup frappé il y a vingt ans, et
qui concernait un brightique avéré, qui avait joui en
son temps d'une certaine notoriété. Or, du jour où
l'albuminurie disparut chez notre malade, des accidents nerveux graves se déclarèrent, des accidents de
ramollissement cérébral chronique auxquels le patient
succomba sans que l'albumine ait jamais reparu. Or,
la nécropsie démontra que le rein était dans un degré
de dégénération épithéliale extrêmement avancé. On
serait donc presque tenté de supposer que ce qui est
une vérité incontestée pour le diabète pourrait le
devenir pour l'albuminurie chronique, à savoir ; que,
lorsque le trouble de la sécrétion urinaire disparaît,
*sans que l'on constate une amélioration notoire et
parrallèle de l'état général,* c'est que la maladie s'ag-

(1) Il est bien entendu qu'il ne s'agit ici que d'une simple constatation de faits cliniques soigneusement analysés ; et l'interprétation sommaire que nous avons ébauchée du phénomène
n'a d'autre valeur que celle d'une hypothèse commode et vraisemblable. Nous ne voulons aucunement entrer ici dans la discussion
du mécanisme intime de la curabilité des néphrites chroniques :
lésions partielles, rétrocession possible des productions connectives non encore arrivées à la période d'organisation complète,
réparation des épithéliums, soit par hypertrophie compensatrice
(Tuffier) soit par néo-formation d'appareils glomérulo-tubulaires
(Chauffard), etc. C'est intentionnellement que nous éliminons
toute question de doctrine : *le fait seul doit rester en relief* et
en dehors des interprétations pathogéniques. Celles-ci seront
abordées ailleurs.

grave ou évolue vers une complication susceptible d'entraîner la mort. L'observation à laquelle je faisais primitivement allusion, vient à l'appui de cette conception, en même temps qu'elle prouve la substitution possible d'une poussée d'artérite de localisation variable, à la fluxion primitive qui avait touché le rein et provoqué le syndrome de la néphrite artérielle : elle concerne, en effet, une femme de 66 ans, rhumatisante de vieille date, surmenée intellectuellement et moralement, chez laquelle mon père, pendant de longues années, avait noté des manifestations multiples de la dyscrasie rhumatismale, et chez laquelle j'avais moi-même, il y a cinq ans, constaté une fluxion goutteuse au pied gauche. Après une secousse morale violente, elle se met à pâlir, à maigrir, à avoir une lassitude inaccoutumée — elle a de la polyurie, de l'hypertension et un léger galop, je constate dans ses urines de l'albuminurie, intermittente d'abord, permanente ensuite. Au bout de quelques mois de repos, tout paraît rentrer dans l'ordre et l'albuminurie disparaît. J'étais heureux de ce résultat qui me faisait espérer une solution des plus favorables ; mais je fus obligé bientôt de décompter, car, un soir, notre malade vint m'annoncer que, depuis quelques jours, elle avait un point fixe au niveau de la région présternale, qui irradiait dans le bras gauche, la gênait beaucoup pour monter seulement les 28 ou 30 marches qui la conduisaient à son appartement, à tel point qu'elle dut même un jour réclamer l'assistance d'un passant pour rentrer chez elle. Je n'eus pas de peine à soupçonner l'aortite et la coronarite naissantes. Malgré mes efforts, le mal allait en empirant ; et, *au bout de trois mois*, notre patiente succombait dans une série de crises d'angine de poitrine subintrantes, sans que l'albuminurie ait jamais reparu. Certes il n'entre pas dans notre programme de publier des observations complètes ; mais au moins dois-je, pour terminer, donner l'indication sommaire des neuf exemples que je compte à l'actif de la guérison sur les 100 cas de ma statistique privée répondant à une période fixe d'observation, c'est-à-dire des faits précis qui comportent avec la disparition de l'albuminurie le retour complet à la santé.

I. — Mme G. Néphrite chronique consécutive à des accidents lithiasiques du côté du foie et du rein. Polyurie, urines pâles, troubles, contenant 3 gr. d'alb. par litre en moyenne ; hypertension, galop gauche, névrites périphériques, phénomènes d'atrophie musculaire, céphalées atroces, dyspnée paroxystique ayant fait redouter en 1887 des complications urémiques. Cylindres colloïdes en tire-bouchons dans les dépôts. Depuis 1895, la santé peut être considérée comme rétablie ; il n'y a plus d'albumine dans les urines.

II. — Mme V. Disposition rhumatismale ancienne. Céphalées et névralgies fréquentes. Phénomène de *cystite* très pénibles (les urines contenaient de nombreuses bactéries dont la nature n'a pu être déterminée en 1884). Néphrite ascendante ; 3 à 4 gr. d'albumine par litre en moyenne. Phénomènes nerveux graves et spasmodiques ayant fait croire à de l'urémie. Depuis près de 10 ans, tous les examens d'urine ont été négatifs. La santé s'est notoirement améliorée : aucun signe objectif du mal de Bright.

III. — Mme B. Gros chagrins, surmenage, charges commerciales au-dessus des forces de la malade. Signes de néphrite scléreuse, polyurie, urines pâles et abondantes. Cœur volumineux et excitable, galop gauche, hypertension. Atténuation assez rapide des accidents sous l'influence du repos et du régime. Au bout de deux ans, disparition complète de l'albumine. Depuis 1896, pas trace de retour de l'albuminurie, santé parfaite ; seulement il y a quelques semaines, légère fluxion du côté du foie.

IV. — M. C. Syndrome de la néphrite interstitielle classique ; polyurie, polydipsie, albuminurie modérée, gros cœur, aortite avec dilatation légère de la crosse aortique. Surmenage ; régime incomplètement observé, défaillance du cœur, œdème des membres inférieurs. Urémie gastro-intestinale, diarrhée rebelle, syncopes. Repos absolu, régime lacté ; injections d'éther, guérison ; depuis 3 ans, le malade a repris la direction de ses affaires et n'a pas eu besoin de secours médicaux ; l'albumine, constamment recherchée depuis, n'a jamais reparu.

V. — Mme G. Calculose rénale, néphrite chronique ; gros fibrome utérin, cœur volumineux avec galop présystolique très net. OEdème périmalléolaire, lassitude extrême, pâleur des téguments. Amélioration des accidents sous l'influence du régime et du traitement. L'albuminurie, constatée dans ces conditions en 1890, a disparu en 1892. En 1898, apparition d'un squirrhe atrophique du sein ; le fibrome utérin s'est flétri ; mais la généralisation cancéreuse s'accuse, la malade succombe avec de la paraplégie douloureuse, suite de l'extension du néoplasme utérin à la colonne vertébrale. Pas de retour de l'albumine.

VI. — M. J., 76 ans. Néphrite atrophique probable. Gros cœur et artères sinueuses, arythmie, asystolie brightique, œdème énorme. Rétablissement des fonctions par le repos, au lit, le régime lacté et la digitaline. Les accidents constatés en 1890 n'ont jamais reparu ; le malade a succombé seulement cette année à une maladie intercurrente.

VII. — M. X., s'observant minutieusement, tout en ne se ménageant que modérément, est arrêté en 1894 par des accidents de bronchite dyspnéique très pénibles avec œdème marqué des membres inférieurs. X. sait qu'il a de l'albumine, que son cœur est volumineux, son pouls ample et tendu, mais il a dû faire un voyage très pénible et dans des conditions peu confortables. Convaincu de la nécessité de soins rigoureux et méthodiques, il se décida à suivre un régime sévère. A peu près rétabli au bout de quelques mois, il est aujourd'hui dans des conditions de santé normales : pas d'albuminurie depuis trois ans.

VIII. — Mme C. de P. de V., 44 ans. A eu autrefois des atteintes de rhumatisme articulaire aigu, et a habité un rez-de-chaussée humide ; s'est surmenée de longues années dans l'exercice d'un commerce pénible. Réclame des soins, en 1888, pour des accidents de bronchite dyspnéique faisant songer à de l'auto-intoxication d'origine rénale ; faiblesse progressive, pâleur du visage, vertiges, troubles oculaires, hypertension artérielle, polyurie, ébauche de galop gauche, poussées d'albuminurie à répétition pendant trois années. Très améliorée par le repos, un régime mixte, le bromure et le quinquina, est allée habiter la campagne, et a cessé les affaires. Revient à Lyon en 1897 ; santé parfaite, pas trace d'albumine dans l'urine.

IX. — M. B., 57 ans. Phénomènes de *pyélo-néphrite calculeuse* grave, constaté en 1888 ; faiblesse progressive, aspect blafard des téguments, angoisse dyspnéique, pal-

pitations au moindre effort, signes objectifs de maladie
d'Hogdson ; bruit clangoreux diastolique avec bruit de
souffle, augmentation de la matité aortique, et double
bruit de souffle de Durozier ; polyurie, hypertension,
albuminurie abondante. Traitement méthodique par l'iodure de sodium, le quinquina, le benzoate de soude, plusieurs cures à Vittel. Diminution progressive de l'albuminurie ; en 1897, l'albumine persiste à l'état de traces,
et les urines sont toujours abondantes et légèrement
louches. Le bruit diastolique de la base paraît incon-
stant et modifié par la respiration ; l'état général est sensiblement meilleur. En 1899 (nov.), la santé est excellente, les urines sont plus colorées et claires, l'albumine
a disparu. Le bruit sigmoïdien aortique est toujours
éclatant, mais il n'y a plus de souffle. Le malade, enfin,
qui vient seulement demander un conseil pour un
membre de sa famille, n'accuse aucun malaise.

Ne semble-t-il pas maintenant, et en fait de conclusion, si l'on tient compte des considérations dans lesquelles nous sommes entré, comme des faits que nous
avons relatés, si concis ou incomplets qu'ils puis-
sent paraître, qu'il n'est point téméraire d'affirmer
que, malgré sa gravité générale et que personne ne
songe à contester, le mal de Bright chronique est quelquefois curable ; c'est dans la catégorie des néphrites
calculeuses ou rhumatismales qu'il faut chercher ces
faits si favorables. C'est aussi dans la même série étio-
logique qu'il faut chercher les cas de longue survie que
nous avons vus s'élever à 45 $^0/_0$ des cas de brightisme
confirmé, ce qui améliore sensiblement le pronostic,
autrefois si sombre des dégénérescences rénales.
Le célèbre vers du Dante : *Lasciate ogni speranza...*,
qu'on leur appliquait si volontiers, ne nous paraît plus
pouvoir figurer justement à titre d'exergue, en tête
du chapitre « Pronostic du mal de Bright ». Les faits que
nous avançons et que nous sommes en mesure de justifier, doivent nous porter à multiplier nos efforts et à
ne point nous lasser de poursuivre, par une thérapeutique patiente, une maladie dont la curabilité ne doit
plus être proclamée comme au-dessus de nos espé-
rances légitimes.

TABLE DES MATIÈRES

9 782019 650995